Q&A
〈相続税が驚くほど節税できる〉
財産評価の実際
▶相続税の申告と実務対策◀

税理士・不動産鑑定士
小林 千秋

推薦のことば

　　　　　　　　　　　　　　　　　　　日税不動産鑑定士会会長
　　　　　　　　　　　　　　　　　　　　税理士・不動産鑑定士
　　　　　　　　　　　　　　　　　　　下　崎　　　寛

　日税不動産鑑定士会は，税理士と不動産鑑定士の二つの資格を持っている会員の集まりであり，『継続地代の実態調べ』を発行するとともに，月1回の勉強会を通じて会員の研鑽に努めている会です。
　本書の著者の小林千秋氏も会員の一人であり，財産評価基本通達を実務で運用する際，売れない土地が高く評価されすぎているのではないかとつねづね警鐘を鳴らしておられます。
　小林氏は，長年にわたって地価公示や相続税路線価評価に従事された経験から財産評価の問題点・矛盾点を知り尽くしておられます。
　実務と評価手法のギャップは大きくなっていく一方です。小林氏は，自らが経験し，現場で遭遇したことを書いてみたいと語っておられ，「不動産の評価は現場にあり」とするのが口癖です。現場主義に基づき長年にわたる豊富な評価業務をまとめられたのが本書であり，全国の多くの方々に読んで頂きたいと語っておられます。
　税務のプロである税理士，不動産のプロである不動産鑑定士，相続税申告書の調査に当たる国税評価専門官に，また相続人である納税者の方々に是非ともお読みいただきたく本書を推薦いたします。

はじめに

　相続にかかる土地の価額は，周知のとおり，基本的に，相続税路線価に基づく財産評価基本通達（以下，評価通達といいます）によって評価し申告しますが，相続税，贈与税，法人税等の税務争訟において，不動産の価額ないし評価額が争われることがあります。

　たとえば，同族会社間の不動産の売買において，その取引価額が適正さを欠いていないか，すなわち両者間で経済的利益の供与がないかの判定をめぐって課税庁側と争いが生じます。

　現行の評価通達の内容自体が実態に合わず，あちこちでほころびを生じていることが指摘されています。たとえば，最近では，タワーマンションによる相続税の節税策が問題となっています。

　多くの納税者から，評価通達による評価額は，市場価格である時価とかけ離れているのではないかという疑問が発せられています。

　かつて昭和50年代から60年代には，相続税評価額は，住宅地で市場価格の40％〜50％，商業地で20％〜30％であり，納税者の苦情や批判はほとんど聞かれませんでした。当時，土地は相続に有利な資産でした。しかし昨今は，当時と大きく変わり，相続税路線価は公示価格等の80％程度とされています。

　しかも，相続税の納付のために不動産を売却する場合（申告期限から3年以内に売却した場合は取得費控除がありますが），長期譲渡所得として20％課税が適用され，さらには仲介手数料等の経費や，購入の際には登録免許税，不動産取得税等の多額の税金が発生するため，不動産は有利な相続資産ではなくなりつつあります。

　また，立地条件が良くて接道もきちんとなされている平坦な整形地はすぐに

売却できるでしょうが，貸宅地とか，崖地や高低差のある土地の売却は難しいのが現実です。しかも，仮に売却できたとしても，評価通達に基づいて評価した価格よりも極めて低い価格になってしまいます。

　そのような土地の個別的要因を見つけて税務当局をいかに説得するかが，税理士の腕の見せ所といえましょう。

　土地評価のプロである不動産鑑定士は，一部の人を除き，ただ単に相続税路線価の基礎となる標準地価格や精通者意見価格の評価にのみ携わっており，納税者個人との接触が少ないため，多くの不動産鑑定士がビジネス機会を逸しているのが現状です。

　本書を精読して頂き，一人でも多くの不動産鑑定士が，相続時の評価だけでなく，相続前・後における土地の有効活用のコンサルティングに積極的に携われることを願ってやみません。

　私は，税理士として相続税の申告をする場合，この土地ははたして申告時の価格で売れるだろうかと苦慮することがたびたびあります。売れない土地を高い価格で申告した場合は税務当局から何ら咎め目がないが，時価よりも高い価格で申告すると，他の税理士から更正の請求が出され，納税者から損害賠償を請求されるケースがあります。税理士とは因果な商売だと思うのは私だけでしょうか。

　平成27年から相続税の基礎控除額が3,000万円になり，法定相続人一人当たりの控除額が600万円になりました。今後，売れない土地を相続すると，相続倒産が起こりうることも十分考えられます。

　本書が相続税等の納税者をはじめとして，税理士等の実務家の指針となれば望外の喜びです。

　なお，本書の内容には筆者の個人的な見解が多くありますが，それに対するご批判やご意見を頂ければ幸いです。また，本書は，できるだけ筆者が申告した実例をもとに構成しました。

　筆者は，現在は少数意見であっても，正しい理論はいずれ通説になりうるものと信じています。

なお，最後に，本書の出版にあたってはプログレスの野々内邦夫氏には大変お世話になりました。茲に感謝致します。

2017 年 4 月 15 日

小林　千秋

目　次

❖相続税路線価，評価通達，倍率等について

1 路線価は，誰が，どのようにして決めるのか？ …………… *1*
2 相続税法22条における「時価」と評価通達の効力 …………… *3*
3 倍率方式によっても，市場性の乏しい大規模な山林の評価額は市場価値を大幅に上回る場合がある …………… *7*
4 不動産鑑定評価基準による正常価格＝時価と相続税法22条の時価は同じか？ …………………………………… *9*
5 評価通達による評価額が時価を反映しない場合は，鑑定評価が有用 ……………………………………………… *12*
6 評価単位の原則 ……………………………………………… *15*

❖私道およびセットバック部分等の評価

7 道路と対象地の間に水路が介在する場合の評価 …………… *19*
8 環状道路と2項道路に面する二方路地を兄妹2人で相続する場合 ……………………………………………… *21*

9 道路を挟んで北側は市街化調整区域で，南側は市街化区域の場合 …………………………………………………… 23
10 広大地通達の要件を充たす被相続人の土地に長男名義の建物を建てた場合 …………………………………………… 25
11 評価通達では，私道が著しく高く評価される場合がある ……… 27
12 道路位置指定を受けた私道でも70％減 ………………………… 28
13 私道は専用空間として独自の利用価値を持つ ………………… 30
14 セットバック部分の30％評価は過大 …………………………… 32
15 既存の建物がある場合に，地代収受権があるとして，宅地も交換価値を有するとした裁判例 ………………………… 35

❖無道路地および接道義務を充たしていない土地の評価

16 評価通達と鑑定評価における無道路地の評価の違い ………… 36
17 無道路地の最大減価は40％ ……………………………………… 39
18 接道義務を充たしていない土地に建物が立っている場合 …… 43
19 建築基準法の接道義務を充たしていない土地の鑑定評価が採用された裁判例 ………………………………………… 45

❖借地権・底地の評価

20 借地権・底地は過大に評価されすぎ ……………………………… 49
21 鑑定評価では借地人に帰属する経済的利益にも着目 ………… 50
22 地主が借地権を購入した場合は，正常価格とはいえない …… 52

23	借地権はファイナンスが十分ではなく，担保価値はかなり低い ············· 55
24	借地権の売買価格が相続税の評価額よりもかなり低い場合 ············· 56
25	借地権は生前対策が必要 ············· 58
26	借地権価格の相続税評価における不動産鑑定士の役割 ········ 59
27	「土地の無償返還の届出」がある借地権価格はゼロである ············· 60
28	借地権付分譲マンションの底地評価に鑑定評価が採用された裁決例 ············· 62
29	親子間の土地の賃貸借で借地権が認められた裁判例 ········· 65

❖貸家建付地の評価

30	貸宅地は生前に整理しておくこと ············· 68
31	貸宅地の評価で，課税庁側の鑑定評価が妥当とされた裁決例 ············· 70
32	空室が多いほど貸アパートの評価額が高くなる!? ·········· 73
33	貸家建付地内にある貸駐車場の問題 ············· 75
34	評価通達では収益価格は考慮されない ············· 76
35	貸家建付地の収益性 ············· 78
36	相続税法22条の時価と比準価格，収益価格 ············· 80
37	収益価格を全く無視して，借家権という権利のみに固執し，納税者の主張を排除した驚くべき最高裁判所の判決 ····· 84

❖ 具体的画地の評価

- 38 間口が狭く奥行が長い帯状地の評価 ……………………… *89*
- 39 奥行が極端に短い土地の評価 ……………………………… *92*
- 40 不整形地の時価は,評価通達の価格を大幅に下回る ……… *94*
- 41 地積過小の宅地は大幅な減価が必要 ……………………… *97*
- 42 利用価値が劣る過小宅地の評価 …………………………… *100*

❖ 広大地の評価

- 43 広大地通達とは? …………………………………………… *102*
- 44 広大地通達の式には,セットバックや造成費控除が含まれている ……………………………………………… *105*
- 45 広大地補正率を使った場合は,水道・ガス・公共下水等の引込み管の工事費用は差し引けない ………………… *106*
- 46 マンション適地とは? ……………………………………… *109*
- 47 広大地通達を適用した場合は無道路地の減価を差し引けない ………………………………………………………… *111*
- 48 広大地通達が適用される無道路地に仮路線価を付設すれば,さらに相続税額が減少する ……………………… *113*
- 49 広大地通達の適用がある土地を相続後に,建物を取り壊して戸建住宅を建築した場合 ……………………… *115*
- 50 三層の路地状敷地を妥当と判決した東京高等裁判所の裁判例 ……………………………………………………… *117*

| 51 | 市街化調整区域でも線引前に宅地であった土地は広大地通達が適用される ………………………………………… 118
| 52 | 相続税の路線価がない市街化調整区域に広大地通達が適用できるか？ ……………………………………………… 122
| 53 | 広大地評価で争われた裁決例 ……………………………… 125

❖市街地山林の評価

| 54 | 宅地転用が可能な市街地山林の評価 ……………………… 132
| 55 | 市街地山林を宅地化する場合の造成費 …………………… 135
| 56 | 宅地転用が困難な市街地山林は純山林として評価できる … 137
| 57 | 市街地山林を純山林として評価した場合より市街化調整区域の倍率評価が高くなるケース ……………………… 138
| 58 | 純山林か否かの判断基準と開発法 ………………………… 140
| 59 | 開発法による純山林の評価 ………………………………… 142
| 60 | 幅員 6 m の開発道路が 257 m 必要で，傾斜度が 40 度余の土地が純山林と評価されたケース ………………… 146

❖急斜面・崖地・高低差が著しい土地の評価

| 61 | 崖地補正率と宅地造成費との重複適用は認められない …… 148
| 62 | 鑑定評価をすればかなり低い価額になる崖地のケース …… 151
| 63 | 道路との高低差が約 15 m ある崖地を含む土地の評価で鑑定評価が採用された事例 ……………………………… 154

64 傾斜度が30度を超える斜面地で評価通達ではなく個別評価が認められた事例 …………………………………… *157*

❖マンションの評価

65 驚くべき相続税額の減少をもたらすタワーマンション …… *159*
66 タワーマンションは，鑑定評価では時価を反映するのに，評価通達では時価を反映していない ……………… *160*
67 タワーマンションが相続税対策として大きな節税効果をもつ仕組み ………………………………………………… *163*
68 タワーマンションによる相続税対策のリスク ……………… *164*
69 広大な敷地に古い低層マンションが立っている場合の評価 ……………………………………………………………… *166*
70 マンション敷地内に道路や公園等の公共施設が含まれている場合の評価 ………………………………………… *167*

❖共有部分の価格の評価

71 共有財産の持分価額は，評価通達で求められた財産の価格をその共有者持分に応じて按分する ……………… *169*
72 共有持分の実質資産価値が市場価値と大幅に違うケース …… *171*

❖都市計画道路予定区域内の評価

- **73** 都市計画道路予定区域内には広大地通達が適用される ケースが多い ………………………………………………… 172
- **74** 評価通達は，都市計画事業として認可された場合と計 画決定の場合とを別々に規定すべきである …………… 175
- **75** 都市計画道路予定地と高圧線下地が重複する場合，広 大地通達の適用は可能か？ …………………………… 178

❖土壌汚染された土地の評価

- **76** 土壌汚染対策法の概要 ……………………………………… 179
- **77** 土壌汚染地の評価方法 ……………………………………… 180
- **78** 心理的嫌悪感（スティグマ）による減価 ………………… 183
- **79** 土壌汚染地の鑑定評価 ……………………………………… 184
- **80** 土壌汚染地の相続税の申告 ………………………………… 186

❖埋蔵文化財包蔵地の評価

- **81** 埋蔵文化財包蔵地の法律と評価 …………………………… 188
- **82** 埋蔵文化財包蔵地の具体的な評価例 ……………………… 192
- **83** 埋蔵文化財包蔵地の評価と発掘費用の控除および発 掘調査期間の考慮の要否についての裁決例 …………… 193

❖利用価値が著しく低下している土地の評価

|84| 道路との高低差がある土地の相続税評価 …………………… *194*
|85| 道路との高低差が10m余りある土地の相続税評価で鑑定評価が採用された事例 …………………………………… *195*
|86| 暴力団事務所が近隣にある土地は評価減が認められるか？ ……………………………………………………………… *196*
|87| 評価通達による評価額よりかなり低い価額で土地を売却した場合 ……………………………………………………… *198*
|88| 売買契約書と鑑定評価書を添付して申告が認められたケース …………………………………………………………… *200*
|89| 控訴人の鑑定評価書が合理性を欠くと判断され，被控訴人の鑑定評価書が採用された事例 ……………………… *202*

❖建物の評価

|90| 固定資産税評価の仕組み ……………………………………… *204*
|91| 固定資産税評価と相続税評価 ………………………………… *205*
|92| 残価率の問題 …………………………………………………… *207*
|93| 著しい損傷のある建物について，一部鑑定評価が採用されたケース ………………………………………………… *208*
|94| スポーツジム施設に収益還元法の適用を否定した裁判例 … *212*

❖ 会社に対する貸付金の評価

- **95** 債務超過にある貸付金は評価減できるか？ ……………… *215*
- **96** 同族会社への貸付金対策 …………………………………… *216*

コラム＊目次

1. 平成27年の相続税法の改正 ………………………………… *6*
2. 土地評価に精通した税理士に相続税の申告を依頼しよう！… *38*
3. 調査官はタンス預金も徹底的に調べる ……………………… *67*
4. 過度の相続税対策は禁物 ……………………………………… *69*
5. 還元利回りの精度を上げていかないと，裁判官を説得できない！ ……………………………………………………………… *79*
6. 更正の請求に関する裁判例等 ………………………………… *108*
7. 不動産鑑定が重要な証拠になる ……………………………… *134*
8. 国税調査官は預金の動きを見張っている！ ………………… *162*
9. タワーマンションの固定資産税の見直し …………………… *165*
10. 名義預金とは？ ………………………………………………… *174*
11. 相続税の申告は不動産に詳しい税理士に頼もう！ ………… *218*

1 路線価は，誰が，どのようにして決めるのか？

Q 路線価図をみますと，私の自宅前の路線価は「200D」となっていますが，この価額は誰が決めているのですか？私の自宅の裏は傾斜地となっていますが，この「200D」は傾斜地の部分を含めた価額なのでしょうか？

A 国税庁から委嘱された不動産鑑定士等が標準的な画地規模の価額，すなわち路線価を決めています。

路線価の「200D」には，お宅の裏の傾斜地の個別的要因は含まれていません。なお，「D」は借地権割合が60％であることを示しています。

対象地の前面道路に付されている路線価によって土地を評価します。

なお，路線価が付されていない場合は，国税局に申請すれば，「仮路線価」が付設されます。

また，対象地が「倍率地域」にある場合は，固定資産税評価額に倍率をかけることにより評価額を求めることができます。

ただし，土地は形状や面積等が千差万別であり，評価通達に規定されている評価方法だけではカバーできません。

そこで，土地を適正に評価する役割を担っているのが不動産鑑定士です。

なお，評価通達では，「路線価方式」および「路線価」は，次のように規定されています。

(路線価方式)
13　路線価方式とは，その宅地の面する路線に付された路線価を基とし，15《奥行価格補正》から20-5《容積率の異なる２以上の地域にわたる宅地の評価》までの定めにより計算した金額によって評価する方式をいう。

(路線価)
14　前項の「路線価」は，宅地の価額がおおむね同一と認められる一連の宅地が面している路線(不特定多数の者の通行の用に供されている道路をいう。

以下同じ。）ごとに設定する。
　　路線価は，路線に接する宅地で次に掲げるすべての事項に該当するものについて，売買実例価額，公示価格（地価公示法（昭和44年法律第49号）第6条《標準地の価格等の公示》の規定により公示された標準地の価格をいう。以下同じ。），不動産鑑定士等による鑑定評価額（不動産鑑定士又は不動産鑑定士補が国税局長の委嘱により鑑定評価した価額をいう。以下同じ。），精通者意見価格等を基として国税局長がその路線ごとに評定した1平方メートル当たりの価額とする。

　路線価は，銀行等の金融機関の担保評価，売買等の参考価格，裁判所の調停等，広範囲に利用されていますが，その価額がどのように求められているかは意外と知られていません。

　たとえば，左図は，対象地の面積が150㎡で，路線価が200,000円/㎡であることを示しています。なお，アルファベットの「D」は，借地権割合が60%であることを表しています。

　下記の個別的要因は標準的な画地規模の路線価200,000円/㎡に含まれないものとして，国税局長の委嘱により鑑定評価した価額，精通者意見価格等（3人の委嘱鑑定士の中庸値を取ることが多い）を基に国税局長が評価します。

〈路線価に含まれない個別的要因の例〉
①　時点の問題（路線価は1月1日現在の価額であるため，相続の発生時が前年の12月31日の場合は時点の修正部分は含みません）
②　形状が著しく劣る土地
③　規模が著しく大きい土地（広大地の適用があるケース）
④　規模が著しく小さい土地
⑤　崖地
⑥　傾斜地

　上記のように，土地の個別的要因は路線価に反映されないため，評価通達による評価額が時価を上回る場合は，どのように申告するかが問題となります。
　その場合は，鑑定評価により時価を証明して申告する選択肢が考えられます。

2　相続税法22条における「時価」と評価通達の効力

Q　相続税法22条にいう「時価」とは、どのようなことをいうのでしょうか？　たとえば、当事者間で借地権を買い取る場合には時価に近い価額になりますが、第三者間の取引では、時価よりかなり低い価額になると思われます。
また、国税庁の評価通達は、行政内部の機関や職員に対して拘束力を有する行政規則と聞いていますが、そのような行政規則が外部の納税者にも効力を持つのでしょうか？

A　相続税法22条が規定している「時価」とは、不特定多数の当事者間において自由な取引が行われる場合に通常成立しうる価額をいいます。

借地権や底地を第三者間で取引する場合は、かなり低い価額で売買されることが多いのが実態です。

原則として、財産評価の一般的な基準とされる評価通達は、外部の納税者等に対しても効力を持つとされています。

「取得時の時価」とは何かが、相続税額を決定する際に常に問題となる点です。相続税法22条は、「評価の原則」について次のように規定しています。

> 相続、遺贈又は贈与により取得した財産の価額は、当該財産の取得の時における時価により、当該財産の価額から控除すべき債務の金額は、その時の現況による。

次に、時価について、裁判はどのように解しているかをみてみましょう。

【東京高等裁判所平成18年3月28日判決】
　その財産の現況に応じ、不特定多数の当事者間において自由な取引が行われる場合に通常成立すると認められる価額、すなわち当該財産の客観的交換価値をいうものと解される。

① 相続税法22条にいう「時価」とは，当該財産の取得において，その財産の現況に応じ，不特定多数の当事者間において自由な取引が行われる場合に通常成立すると認められる価額，すなわち，当該財産の客観的交換価値をいうものと解される。
② すべての財産の客観的交換価値は必ずしも一義的に確定されるものではないから，これを個別に評価する方法をとった場合には，その評価方法等により異なる評価額が生じたり，課税庁の事務負担が重くなり，課税事務の迅速な処理が困難となるおそれもある。そこで，課税事務上は，法に特別な定めのあるものを除き，財産評価の一般的基準が財産評価基本通達（本件通達）によって定められ，原則としてこれに定められた画一的な評価方法によって，当該財産の評価をすることとされている。

そして，このようにあらかじめ定められた評価方法により，画一的に財産の評価を行うことは，税負担の公平，効率的な租税行政の実現という観点からみて合理的であり，これを形式的にすべての納税者に適用して財産の評価を行うことは，一般的には，納税負担の実質的な公平をも実現し，租税平等主義にかなうものである。
③ 本件通達に定められた評価方法を画一的に適用することによって，明らかに当該財産の客観的交換価値とは乖離した結果を導くこととなり，そのため，実質的な租税負担の公平を著しく害し，法の趣旨および本件通達の趣旨に反することとなるなど，本件通達に定める評価方式によらないことが正当として是認されるような特別な事情がある場合には，他の合理的な評価方式によることが許されると解すべきであり，本件通達6においても，「この通達の定めによって評価することが著しく不適当と認められる財産の価額は，国税庁長官の指示を受けて評価する。」と定められている。

【名古屋地方裁判所平成16年8月30日判決】

① 評価通達に基づいて算出した通達評価額をもって相続税法22条の「時価」と主張しているところ，本件評価通達は，国税庁長官によって発出された通達であって，法形式上は行政内部の機関や職員に対する関係で効力を有する法令としての性質を有するものではない（最高裁判所昭和38年12月24日第三小法廷判決・集民70号513頁参照）。

2 相続税法22条における「時価」と評価通達の効力

② もっとも，大量・反復して発生する課税事務を迅速かつ適正に処理するためには，あらかじめ法令の解釈や事務処理上の指針を明らかにし，納税者に対して申告内容を確定する便宜を与えるとともに，各課税行政が積極的な意義を有することは否定し難く，したがって，通達の内容が法令の趣旨に沿った合理的なものである限り，これに従った課税庁の処分は，一応適法なものであるとの推定を受けるであろうし，逆に，課税庁が，特段の事情がないにもかかわらず，通達に基づくことなく納税者に対して不利益な課税処分を行った場合には，当該処分は租税法の基本原理の一つである公平負担の原則に反するものとして違法となり得るというべきである。

③ しかしながら，通達の意義は以上に尽きるものであり，納税者が反対証拠を提出して通達に基づく課税処分の適法性を争うことは何ら妨げられないというべきであり，その場合には，通達の内容の合理性と当該証拠のそれとを比較考量して，どちらがより法令の趣旨に沿ったものであるかを判断して決すべきものである。

上掲の2つの裁判例は，評価通達は国税庁長官によって発出されたものであって，法形式上は行政内部の機関や職員に対してのみ拘束力を有する行政規則としています。

この2つの裁判例から，相続税法22条における「時価」と評価通達の関係は次のように考えることができます。

(イ) 時価が評価通達を上回る場合

　相続時の時価が評価通達を上回る場合は，評価通達により申告することを選択します。時価が評価通達を上回る場合は時価によって申告してもよいが，納税者にとって極めて不利益を被るため，時価によって申告する人はほとんどいないでしょう。

(ロ) 時価が評価通達を下回る場合

　土地の評価額は総額が大きいため，千万円単位，場合によっては億円単位の評価違いが出てくる場合もあります。その場合は，客観的証拠を添付して他の合理的方法を選択します。申告した税理士と異なる税理士が更正の請求をするケースが近年多くなってきました。更正の請求期間が5年間に延長されたため，今後，更正の請求が増加すると思われます。

なお，他の証拠によって時価を証明する方法として，たとえば不動産を売買したときの売却時価や鑑定評価書等による方法が考えられます。

☞ **「時価」とは，不特定多数の当事者間で通常成立しうる価格であると定義しておきながら，借地権や底地の当事者間のみで成立する価格であり，矛盾する結果となっています。**

コラム＊1

平成27年の相続税法の改正

　平成27年の相続税法の改正により，平成27年以降，相続税額が大幅に増加しました。

　相続財産のうち現金・預金や市場性ある有価証券等の可分債権の資産性については，何ら問題ありません。しかし，土地はどうでしょうか。

　平坦で利用可能な土地はよいでしょうが，道路との高低差がある土地や崖地等は多額の造成費が必要なため，その多くが開発できない土地です。

　また，接道義務を充たしていない土地は隣接地が買ってくれればよいでしょうが，もしも買ってくれなければ，打つ手は限られてきます。

　そのような土地は物納ができず，しかも売却ができないにもかかわらず，評価通達により高い価格で評価されるため，相続税額が多額になるケースが多いといえます。

　以前，東京郊外のK市の市街化区域にある急斜面の土地6,000㎡の相続で，その評価額が4億円余りになると言ったところ，相続人はあまりにも高額だったので腰を抜かさんばかりに驚き，どうしたら良いかと相談を受けた筆者が，K市に寄付することを勧めましたが，K市は管理ができないとのことで断られました。

3 倍率方式によっても，市場性の乏しい大規模な山林の評価額は市場価値を大幅に上回る場合がある

Q 父から相続した山林の一つは市街化調整区域内にあり，利用価値がほとんどないのに，固定資産税評価額に評価倍率をかけると3億円になると言われてびっくりしました。相続したもう一つの山林は市街化区域内にあり，純山林として評価したところ，評価額は300万円でした。
利用価値が高い市街化区域内にある山林の方がどうして評価額が低いのでしょうか？

A 市街化調整区域内の山林の方が評価額が高くなっているのは事実です。市場性の乏しい大規模な山林の評価額が市場価値を大幅に上回るケースがあります。

鑑定評価による申告をお勧めします。

筆者の経験でも，市街化区域内の純山林で評価した場合は低くなるケースが多くあり，評価通達の改正が必要だと思います。

> (倍率方式による評価)
> 21-2　倍率方式により評価する宅地の価額は，その宅地の固定資産税評価額に地価事情の類似する地域ごとに，その地域にある宅地の売買実例価額，公示価格，不動産鑑定士等による鑑定評価額，精通者意見価格等を基として国税局長の定める倍率を乗じて計算した金額によって評価する。

評価倍率で問題になるのは市街化調整区域内の山林，田，畑であり，相続税評価額がかなり高く評価される場合があります。

特に山林の固定資産税評価額はかなり低い水準に据え置かれていますが，評価倍率が高いため，相続税評価額は高く評価されます。

市街化調整区域内の傾斜のある山林は市場性がほとんどなく，購入する人はいないのが現状です。

　平成27年の相続税法の改正によって，少し大きな山林を相続した人でも，相続税の申告が必要なケースが増えています。

　神奈川県の市街化調整区域における山林売買の調査結果によりますと，山林の購入目的は，山砂の採取，墓石の採掘，農道等の公共事業，グラウンド用地，凹地での産業廃棄物の保管場等に限られており，かなりの高額で売買されていました。

　不動産鑑定士による鑑定評価額，精通者意見価格が実勢相場より高い水準となっているため，評価倍率が高くなっているのも事実です。

　実勢価額より高い山林の評価倍率の見直しが必要です。

☞ 相続税評価においては，市街化調整区域の山林でも，利用価値がないにもかかわらず高い価格で申告しなければならないケースが多くあります。市街化区域の傾斜のある山林はさらに評価額が低くなります。市場性のない山林を多く保有している場合は物納もできないため，相続倒産に至るケースもありえます。

4 不動産鑑定評価基準による正常価格＝時価と相続税法22条の時価は同じか？

Q 極めて安い価格でしか売れそうにない土地を相続しました。税理士に相談したところ，鑑定評価では否認されるケースもあり，否認された場合は，多額の追徴税額がかかるため評価通達での申告を勧められましたが，どうしても納得できません。どうすればよいでしょうか？

A 鑑定評価が時価を適正に反映しておれば，否認されることはありません。どうしても不安であれば，まず評価通達で申告しておき，その後に鑑定評価書を添付して，「更正の請求」を提出すればよいでしょう。相続税の申告期限から5年以内であれば，「更正の請求」を出すことができます。

不動産鑑定評価基準に基づく評価手法を採用しておれば，否認されることはありません。税理士と不動産鑑定士を交えて，よく相談するようにしてください。

不動産鑑定評価基準では，次のように規定されています。

---

1. 正常価格

　正常価格とは，市場性を有する不動産について，現実の社会経済情勢の下で合理的と考えられる条件を満たす市場で形成されるであろう市場価値を表示する適正な価格をいう。この場合において，現実の社会経済情勢の下で合理的と考えられる条件を満たす市場とは，以下の条件を満たす市場をいう。

(1) 市場参加者が自由意思に基づいて市場に参加し，参入，退出が自由であること。

　なお，ここでいう市場参加者は，自己の利益を最大化するため次のような要件を満たすとともに，慎重かつ賢明に予測し，行動するものとする。

① 売り急ぎ，買い進み等をもたらす特別な動機のないこと。

②　対象不動産及び対象不動産が属する市場について取引を成立させるために必要となる通常の知識や情報を得ていること。
③　取引を成立させるために通常必要と認められる労力、費用を費やしていること。
④　対象不動産の最有効使用を前提とした価値判断を行うこと。
⑤　買主が通常の資金調達能力を有していること。
(2)　取引形態が、市場参加者が制約されたり、売り急ぎ、買い進み等を誘引したりするような特別なものではないこと。
(3)　対象不動産が相当の期間市場に公開されていること。

また、不動産鑑定評価基準運用上の留意事項では、次のように規定されています。

(1)　**正常価格について**
現実の社会経済情勢の下で合理的と考えられる条件について
①　買主が通常の資金調達能力を有していることについて
通常の資金調達能力とは、買主が対象不動産の取得に当たって、市場における標準的な借入条件（借入比率、金利、借入期間等）の下での借り入れと自己資金とによって資金調達を行うことができる能力をいう。
②　対象不動産が相当の期間市場に公開されていることについて
相当の期間とは、対象不動産の取得に際し必要となる情報が公開され、需要者層に十分浸透するまでの期間をいう。なお、相当の期間とは、価格時点における不動産市場の需給動向、対象不動産の種類、性格等によって異なることに留意すべきである。
また、公開されていることとは、価格時点において既に市場で公開されていた状況を想定することをいう（価格時点以降売買成立時まで公開されることではないことに留意すべきである。）。

相続税法22条の時価と不動産鑑定評価基準の時価は同義ととらえてよいと思われます。
相続税の申告は相続が発生してから10か月以内に行わなければならず、納税資金を準備する期間はかなり制約されます。

4 不動産鑑定評価基準による正常価格＝時価と相続税法22条の時価は同じか？

 筆者は，かつて，相続直後に東日本大震災が発生したため，思うような価額で土地が売れず，大変苦労させられた経験があります。
 相続税には申告期限があり，どうしても売り急ぎのケースが多くなります。
 道路付けがきちんとなされている宅地はまだしも，接道義務を充たしていない宅地や，借地権や底地の場合はどうしても足元を見られがちで，かなり安い価額でないと売却が難しいのも事実です。
 「時価」とは，「不特定多数の者の間において通常成立すべき客観的な交換価値」と定義されていますが，借地権や底地の売買では，前者は底地人，後者は借地人しか購入しない場合が多く，それ以外の第三者が購入する場合は評価通達による評価額をかなり下回るのが現実です。したがって，借地権や底地は，相続が発生する前に売却か購入の確約をあらかじめとっておくことが重要です。
 評価通達による評価額を下回る価額であることを証明する手段としては鑑定評価があります。
 広大地通達の適用があるか否かのグレーゾーンの場合，広大地の調査報告書が重要な証明手段になります。
 なお，平成23年12月2日以降，「更正の請求」が法定申告期限から原則5年に延長されましたので，その期間内に鑑定評価書を添付して「更正の請求」を求めることができます。

5 評価通達による評価額が時価を反映しない場合は，鑑定評価が有用

Q 時価が評価通達による評価額を大幅に下回りそうですので，鑑定評価により申告をしたいと思っていますが，鑑定評価を斟酌するとの規定は評価通達のどこにもありません。何を根拠としているのでしょうか？
また，鑑定評価を依頼するときの注意点を教えてください。

A 裁判例は，「他の証拠」により評価通達による評価額が時価を上回った場合は，課税庁処分は違法であるとしています。この「他の証拠」の有力なものが鑑定評価書です。

なお，不動産鑑定士に鑑定評価を依頼する場合の注意点として，国税調査官の質問に正しく答えることができ，その根拠を明確にできる人，客観的根拠を十分に示す鑑定評価書を作成できる人に依頼すべきです。

遺産分割，民事調停，家事調停，評価通達の改正の各場面において，納税者の立場を守るために，不動産鑑定士が大きな役割を果たすべきです。

地代の改定や建替え承諾料等の民事調停において不動産鑑定士はこれまで一定の役割を果たしてきましたが，遺産分割等の家事調停においても不動産鑑定士の役割が今後ますます重要になってきます。

現金・預金等の可分債権は問題ありませんが，土地・建物等の不可分債権の分割にあたっては，その時価を査定する必要があります。固定資産税は評価証明書や路線価で査定されているため，多くは不動産の個別性が反映されていません。不動産の分割や時価の査定においては，当事者間の公平性が求められ，正しい価値を当事者に把握させる必要があります。

相続財産を相続人に公平に分配するためには，不動産の知識が不可欠です。土地・建物の時価が評価通達による評価額を下回ることを証明する資料として鑑定評価書が必要なケースがあります。

5 評価通達による評価額が時価を反映しない場合は，鑑定評価が有用

　不幸にして国税不服審判所や裁判所に提訴された場合は，過大な相続税を納付することのないように納税者の利益を守る必要性があります。
　次に，納税者が選択した裁判所の鑑定評価が合理的とされた裁判例（名古屋地方裁判所平成16年8月30日判決・納税者勝訴）を紹介しましょう。
　①　評価通達による評価額が相続開始時における時価を超えているか
　②　裁判所の鑑定評価額と被告の鑑定評価額の合理性の優劣について
の2点について争われた事案について次のように判決しています。

> 　「時価」は，不特定多数の者において通常成立すべき客観的な交換価値を意味するから，通達評価額が，この意味における「時価」を上回らない場合には，違法でないことはいうまでもないが，他の証拠によって上記「時価」を上回ると判断された場合には，これを採用した課税処分は違法となるというべきである（固定資産税について定めた地方税法341条5号「適正な時価」に関する最高裁判所平成15年6月26日第一小法廷判決・民集57条6号723頁参照）。
> 　土地の評価については，複数の異なる評価額の不動産鑑定が存在する場合は，まずそれらの合理性を比較検討した上で，より合理性が高いと判断できる鑑定の評価額をもって時価と評価すべきであり，仮に合理性について優劣の判断が全くない場合には，その平均値をもって時価とすべきである。

　この判決の意味するところは次の3点です。
　①　評価通達による評価額が相続開始時の時価を上回ることが鑑定評価書により証明された場合は，鑑定評価額等により証明された額によるべきである。
　②　複数の鑑定評価書があり合理性に優劣があった場合，中味を比較検討して，より合理性が高いと判断できる鑑定評価額を時価とすべきである。
　③　合理性の判断に優劣がつかない場合は，平均値をもって評価するのが妥当である。
　裁判所が鑑定評価を採用する場合は，
　(イ)　対象不動産の事実認定がしっかりしているか。
　(ロ)　評価の仕方に誤りがないか。
　(ハ)　理論的に整然としているか。

が問われる場合が多いといえます。したがって、相続税の申告の際に鑑定評価を依頼する場合には、上記の3点を十分に理解している不動産鑑定士が望まれます。国税調査官の質問に正しく答え、その根拠を明確にしていかなければなりません。不動産鑑定士の主観的判断によって鑑定評価額に幅があることも否めない事実です。したがって、客観的な証拠書類（取引事例等）をできるだけ多く集め、説得力のある鑑定評価書を作成しなければなりません。

なお、納税者側と税務署側の鑑定評価額を単純平均して結論を求めた裁判例（東京地方裁判所平成15年2月26日判決）や、納税者側の鑑定評価が正しく、税務署側の鑑定評価に誤りがある場合に初めて納税者側の鑑定評価を採用している裁判例（東京地方裁判所平成17年11月11日判決）があります。複数の鑑定評価書がある場合は、理論的で客観的な証拠を十分に示す鑑定評価書が採用される傾向があります。

なお、鑑定評価と評価通達については、次の3点に留意すべきです。
① 評価通達は国税庁長官によって出されたものであり、法形式上は行政内部の機関や職員に対する拘束力を有する行政規則（国家行政組織法14条2項）であり、納税者に対して効力を有するものではない。
② 課税庁が特段の事情がないにもかかわらず、評価通達に基づくことなく、納税者に対して不利益な課税処分を行った場合には、当該処分は課税庁の基本原理の一つである公平負担の原則に反するものとして違法となりうる。
③ 評価通達による評価額が「時価」を下回ると判断された場合には適法であるが、他の証拠によって「時価」を上回ると判断された場合には、評価通達を採用した課税処分は違法となるべきである。

裁判所は「他の証拠」により評価通達の時価を下回った場合には、課税処分は違法であるとしています。わが国では通達行政が主力を占めており、評価通達そのものは職員に対して拘束力があるとしています。したがって、「他の証拠」によって立証されれば、評価通達より低い時価が採用されることになります。この「他の証拠」の有力なものが鑑定評価書であることはいうまでもありません。したがって、相続税の申告等において課税庁が定めた評価通達による評価額を上回る場合には、鑑定評価によってその事実を主張・立証することによって納税者の利益を確保することができるのです。

6 評価単位の原則

Q 一筆の土地にアパートが建築されていたり，アパートのほかに駐車場を貸していた場合や，市街化区域と市街化調整区域が隣接している場合等，土地の評価単位には色々なケースがあります。評価単位の原則について説明してください。

A 土地の評価単位は，次ページのように評価通達7-2に規定されており，原則として，
① 1筆の土地
② 所有者および使用者をそれぞれ同じくし，かつ同一の用途または同一の利用目的に供されている1筆の土地

をいいます。

なお，国土交通省の公共用地の取得に伴う損失補償基準の運用方針第2の1には，次のように規定されています。

> 土地の正常な取引価格は，次の各号の一に該当する土地（以下「画地」という。）を単位として評価するものとする。ただし，当該土地の形状等から一体的に利用することが困難なものは，一体的な利用が可能な範囲をもって画地とするものとする。
> (1) 1筆の土地（次号に該当するものを除く。）
> (2) 所有者及び使用者をそれぞれ同じくし，かつ，同一の用途又は同一の利用目的に供されている一団の土地

すなわち，下記の5点に要約できます。
① 画地の範囲は主観的に左右されることなく客観的に決めます。
② 同一の所有者が2筆の土地を1画地とするか，それぞれの画地を1画地とするかで評価額が異なります。画地は，社会的・経済的観点からみて合理的と認められる範囲を適正に認定する必要があります。実務的には，一般の取引慣行，現実の土地利用の範囲，土地所有者等の土地に対する権利

を持つ者、および、その権利の及ぶ範囲を考慮して画地の範囲が決められます。
③ 「所有者及び使用者をそれぞれ同じくし」とは、その土地について、所有者と使用者が同一人であってもかまわないということです。使用者とは、借地権のような強固な権利を持つ者をいいます。
④ 「同一の用途又は同一の利用目的」とは、利用状況の同一性を示すものです。「同一の用途」とは、宅地、農地等の現況をいいます。「同一の利用目的」とは、自用、貸家等の利用目的をいいます。
⑤ 「一団の土地」とは、連続している土地で、筆にかかわらず飛び地を排除する趣旨です。

(評価単位)

7-2 土地の価額は、次に掲げる評価単位ごとに評価することとし、土地の上に存する権利についても同様とする。

(1) 宅地

宅地は、1画地の宅地（利用の単位となっている1区画の宅地をいう。以下同じ。）を評価単位とする。

(注) 贈与、遺産分割等による宅地の分割が親族間等で行われた場合において、例えば、分割後の画地が宅地として通常の用途に供することができないなど、その分割が著しく不合理であると認められるときは、その分割前の画地を「1画地の宅地」とする。

(2) 田及び畑

田及び畑（以下「農地」という。）は、1枚の農地（耕作の単位となっている1区画の農地をいう。以下同じ。）を評価単位とする。

ただし、36-3《市街地周辺農地の範囲》に定める市街地周辺農地、40《市街地農地の評価》の本文の定めにより評価する市街地農地、40-2《広大な市街地農地等の評価》の本文の定めにより評価する市街地農地及び40-3《生産緑地の評価》に定める生産緑地は、それぞれを利用の単位となっている一団の農地を評価単位とする。この場合において、(1)の(注)に定める場合に該当するときは、その(注)を準用する。

(3) 山林

山林は、1筆（地方税法（昭和25年法律第226号）第341条《固定資産税に関する用語の意義》第10号に規定する土地課税台帳又は同条第11号に規定する土地補充課税台帳に登録された1筆をいう。以下同じ。）の山林を評価単位とする。

ただし、49《市街地山林の評価》の本文の定めにより評価する市街地山林及び49-2《広大な市街地山林の評価》の本文の定めにより評価する市街地山林は、利用の単位となっている一団の山林を評価単位とする。この場合において、(1)の㊟に定める場合に該当するときは、その㊟を準用する。

(4) 原野

原野は、1筆の原野を評価単位とする。

ただし、58-3《市街地原野の評価》の本文の定めにより評価する市街地原野及び58-4《広大な市街地原野の評価》の本文の定めにより評価する市街地原野は、利用の単位となっている一団の原野を評価単位とする。この場合において、(1)の㊟に定める場合に該当するときは、その㊟を準用する。

(5) 牧場及び池沼

牧場及び池沼は、原野に準ずる評価単位とする。

(6) 鉱泉地

鉱泉地は、原則として、1筆の鉱泉地を評価単位とする。

(7) 雑種地

雑種地は、利用の単位となっている一団の雑種地（同一の目的に供されている雑種地をいう。）を評価単位とする。

ただし、市街化調整区域以外の都市計画区域で市街地的形態を形成する地域において、82《雑種地の評価》の本文の定めにより評価する宅地と状況が類似する雑種地が2以上の評価単位により一団となっており、その形状、地積の大小、位置等からみてこれらを一団として評価することが合理的と認められる場合には、その一団の雑種地ごとに評価する。この場合において、1の㊟に定める場合に該当するときは、その㊟を準用する。

㊟

1 「1画地の宅地」は、必ずしも1筆の宅地からなるとは限らず、2筆以上の宅地からなる場合もあり、1筆の宅地が2画地以上の宅地として利用されている場合もあることに留意する。

> 2 「1枚の農地」は，必ずしも1筆の農地からなるとは限らず，2筆以上の農地からなる場合もあり，また，1筆の農地が2枚以上の農地として利用されている場合もあることに留意する。
> 3 いずれの用にも供されていない一団の雑種地については，その全体を「利用の単位となっている一団の雑種地」とすることに留意する。

☞ 評価単位は入口の問題であり，評価単位に誤りが生じると全ての内容に影響を及ぼすことになりますので重要性が大きいといえます。

ある税理士が行った相続税評価に対して他の税理士が更正の請求を行うケースを検討してみると，評価単位に誤りが生じているケースが多く見受けられます。

自用地と貸家建付地，借地権が敷地内に複雑に入り組んでいる場合，評価単位を決定するのが困難を極めることが多いのが実状です。現地を調査した段階で評価単位を正しく把握することは重要です。

7 道路と対象地の間に水路が介在する場合の評価

Q 私の土地と道路の間には水路があります。この場合，道路に面している土地として評価しなければならないのでしょうか？

そのように評価すると，私の土地はかなり高額になります。橋の部分は通行権として市から借地しており，地代を支払っています。この場合の評価額はいくらになりますか？

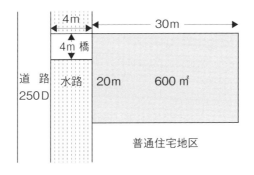

① 間口狭小・奥行長大による評価
② 不整形地としてかげ地割合による評価
　①と②から橋の部分の架設費用を差し引きます。
③ 広大地通達の要件を充足する場合は広大地の評価を行います。

① 間口狭小・奥行長大の補正率

（4mの間口狭小補正率）　（奥行長大補正率）（34 m／4 m ≒ 8.5）
　　　0.94　　　×　　　　0.90　　　　≒ 0.84

② 不整形地補正率を使った場合

$$
\begin{array}{cccc}
\text{（想定整形地の間口）} & \text{（想定整形地の奥行距離）} & & \text{（想定整形地の地積）}\\
20\text{m} & \times \quad 34\text{m} & = & 680\text{㎡}
\end{array}
$$

$$
\begin{array}{cccccc}
\text{（想定整形地の地積）} & \text{（不整形地の地積）} & & \text{（想定整形地の地積）} & & \text{（かげ地割合）}\\
(680\text{㎡} & - \quad 600\text{㎡}) & \div & 680\text{㎡} & = & 0.117 \to 0.99
\end{array}
$$

$$
\begin{array}{ccc}
\text{（不整形地補正率表の割合）} & & \text{（4ｍ間口狭小補正率）}\\
0.99 & \times & 0.94 \quad \fallingdotseq \quad 0.93
\end{array}
$$

$$
\begin{array}{cc}
\text{（奥行長大補正率）} & \text{（間口狭小補正率）}\\
0.90 & \times \quad 0.94 \quad \fallingdotseq \quad 0.84 \Rightarrow 0.84\text{を採用（奥行価格補正率）}
\end{array}
$$

$$250{,}000\text{円}/\text{㎡} \times 0.96 \times 0.84 = 201{,}600\text{円}/\text{㎡}$$

$$201{,}600\text{円}/\text{㎡} \times 600\text{㎡} = \underline{120{,}960{,}000\text{円}}$$

なお，16㎡ × 250,000円/㎡ ＝ 4,000,000円を差し引く場合もありますので，自治体等の河川管理課に問い合せてください。

③　広大地通達の要件を充たす場合

$$250{,}000\text{円}/\text{㎡} \times \left(0.6 - 0.05 \times \frac{600\text{㎡}}{1{,}000\text{㎡}}\right) \times 600\text{㎡} = \underline{85{,}500{,}000\text{円}}$$

➡広大地通達を適用した場合が相続税評価額が最も安くなります。

なお，無道路地になるかどうかは，占用許可を得ているか否かで判断します。河川管理者の許可を得ていない場合は無道路地となり，無道路地の減価0.4（最大）を差し引くことができます。

8 環状道路と2項道路に面する二方路地を兄妹2人で相続する場合

Q 父から兄妹2人で下図の土地を相続しました。正面は環状道路に面しており，近隣はマンションが立ち並ぶ地域です。裏面は幅員2.6mの狭い道路（建築基準法42条2項道路）に面しています。現在はA土地とB土地の全体（1,500㎡）を貸し駐車場にしていますが，相続にあたって，兄妹2人の共有にするか，別々に相続するかを悩んでいます。相続税が少なくなる方法がありましたら，アドバイスをお願いします。

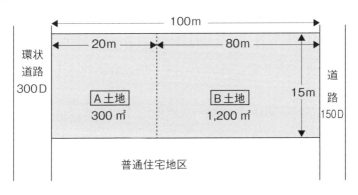

A A土地を兄が相続し，B土地を妹が相続して分割する方法が，最も相続税額が少なくてすみます。不合理な分割でない限り，所有者ごとに判断されます。

環状道路側のマンションが立ち並ぶ地域では，広大地通達は適用できません。

B土地は，前面道路の幅員が狭く，戸建住宅が立ち並ぶ地域で，広大地通達の適用が可能です。

兄妹2人が別々に相続することにより，相続税の評価額が大きく減少します。

(1) 全体地を兄が相続した場合
　① 一路線に面する宅地

　　　　　　　　　　　　　（奥行価格補正率）
　　　　　300,000 円/㎡ ×　　0.80　　= 240,000 円/㎡

　② 二路線に面する宅地
　　　240,000 円/㎡ + 150,000 円/㎡ × 0.80 × 0.02 = 242,400 円/㎡
　　　242,400 円/㎡ × 1,500㎡ = 363,600,000 円
　　　セットバック部分の面積 =（4m − 2.6m）× 1/2 × 15m = 10.5㎡
　　　363,600,000 円 −$\left(363,600,000 \text{円} \times \dfrac{10.5㎡}{1,500㎡} \times 0.70\right)$ = <u>361,818,360 円</u>

(2) B土地に広大地通達を適用した場合
　　　A土地：300,000 円/㎡ × 300㎡ = 90,000,000 円
　　　B土地：150 Dの路線価を使用する。
　　　150,000 円/㎡ ×$\left(0.6 - 0.05 \times \dfrac{1,200㎡}{1,000㎡}\right)$× 1,200㎡ = 97,200,000 円
　　　A土地 + B土地 = 90,000,000 円 + 97,200,000 円 = <u>187,200,000 円</u>

　　(1) − (2) = 361,818,360 円 − 187,200,000 円 = <u>174,618,360 円</u>

➡ <u>正面道路側がマンション用地で，裏面道路側が戸建住宅地の場合，所有者を別々にすることにより，174,618,360 円と大幅な相続税の節税をはかることができます。</u>

なお，広大地通達を適用した場合は，セットバック部分の減価はできません。

9 道路を挟んで北側は市街化調整区域で，南側は市街化区域の場合

Q 私が相続した土地のうち，自宅は市街化調整区域内にあり，市街化区域と市街化調整区域の線引前に宅地となっています。また，工場は市街化区域にあります。このような場合，市街化調整区域は倍率方式，市街化区域は路線価方式によって申告するしかないのでしょうか？

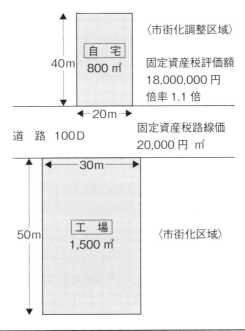

A 工場および自宅が最有効使用であるかどうかを検討してみてください。近隣地域が工場地ではなく，戸建住宅が立ち並ぶ地域である場合は，自宅と工場に広大地通達が適用されます。

(1) 路線価による評価額

　① 倍率で評価した場合

$$18,000,000 \text{ 円} \times 1.1 = 19,800,000 \text{ 円}$$

　② 工場

$$100,000 \text{ 円/㎡} \times \underset{\text{(奥行価格補正率（中小工場の場合))}}{1.00} \times 1,500\text{㎡} = 150,000,000 \text{ 円}$$

　① + ② = 19,800,000 円 + 150,000,000 円 = <u>169,800,000 円</u>

(2) 広大地通達による評価額

　① 自宅（標準宅地）（固定資産税路線価がある場合は，それを使用し，倍率の1.1をかける）

$$\underset{\text{(固定資産税路線価)}}{20,000 \text{ 円/㎡}} \times 1.1 \times \left(0.6 - 0.05 \times \frac{800\text{㎡}}{1,000\text{㎡}}\right) \times 800\text{㎡} = 9,856,000 \text{ 円}$$

　② 工場

$$100,000 \text{ 円/㎡} \times \left(0.6 - 0.05 \times \frac{1,500\text{㎡}}{1,000\text{㎡}}\right) \times 1,500\text{㎡} = 78,750,000 \text{ 円}$$

　① + ② = 9,856,000 円 + 78,750,000 円 = <u>88,606,000 円</u>

　(1) − (2) = 169,800,000 円 − 88,606,000 円 = 81,194,000 円

➡ <u>81,194,000 円の評価減となります。</u>

　市街化調整区域や工場であっても，広大地通達の要件を充たす場合がありますので，税理士等の専門家とよく相談してください。

10 広大地通達の要件を充たす被相続人の土地に長男名義の建物を建てた場合

Q 相続税対策のため，B土地に長男名義のアパートを建てました。土地は使用貸借です。長男名義のアパートが立っている土地は貸家建付地の評価減を受けることができるでしょうか？ また，評価額は，どのように計算しますか？

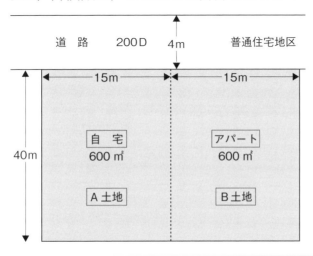

A 自宅が立っているA土地とアパートが立っているB土地とを全体で見て，広大地通達の要件を満たしているかどうかを判断します。

　長男名義のアパートが立っているB土地は被相続人のあなたが所有しており，使用貸借されています。したがって，B土地は貸家建付地の評価は受けられません。

　A土地とB土地の境に垣根等がある場合は，別々の資産として評価されますが，垣根等がなく，戸建住宅が立ち並ぶ地域である場合には，奥行が40mあるため，広大地通達が適用され，評価額は次のように計算されます。

$$200,000 \text{円}/\text{m}^2 \times \left(0.6 - 0.05 \times \frac{1,200\text{m}^2}{1,000\text{m}^2}\right) \times 1,200\text{m}^2 = 129,600,000 \text{円}$$

☞ 相続税対策としてアパート等を建築する場合，誰の名義で建築するのが一番評価減をもたらすのか，駐車場についてもアパートの住民のみに使用させるのか，外部の人にも使用させるのかにより貸家建付地の評価単位が異なります。

広大地通達の要件を充たすように生前から準備しておくことが重要です。評価単位のとらえ方により評価額に数千万円単位の違いが出ることがあります。どこからどこまでが広大地通達の要件を充たすか，生前に把握しておく必要があります。

11 評価通達では，私道が著しく高く評価される場合がある

Q 評価通達では，私道の評価はどのように規定されていますか？

　現行の評価通達の規定では，私道の用に供されている土地の価格は100分の30に評価されます。ただし，不特定多数の者の通行の用に供されているときは，その私道の評価はゼロです。

> （私道の用に供されている宅地の評価）
> 24　私道の用に供されている宅地の価額は，11《評価の方式》から21-2《倍率方式による評価》までの定めにより計算した価額の100分の30に相当する価額によって評価する。この場合において，その私道が不特定多数の者の通行の用に供されているときは，その私道の価額は評価しない。

「不特定多数の者の通行の用に供されている」私道の具体例としては次があります。
①　公道から公道へ通り抜けできる私道
②　行き止まりの私道であるが，その私道を通行して不特定多数の者が公園等の公共施設や商店街へ出入りしている場合の私道
③　私道の一部に公共バスの転回場や停留所が設けられており，不特定多数の者が利用している場合などのその私道

なお，「不特定多数の者の通行の用に供されている」私道とは，公共性が認められるもので，道路幅員の大小によって区別するものではありません。

私道が道路以外の専用空間として利用できる場合で，不特定多数の者が利用する場合はもちろん価値をもちませんが，路地状敷地のように一部の人が利用する場合はともかく，私道自体の価値は宅地に転嫁されていることが多く，30％余りの価値があると考えるのは過大な評価であると言わざるをえません。

12 道路位置指定を受けた私道でも 70％減

Q 私はE地（120 ㎡）を所有しています。不動産業者からは，宅地の価格は私道部分を除いたものであり，私道の価格は宅地の価格に含まれている，という説明がありました。私道が 30％で評価されるのは納得がいきません。

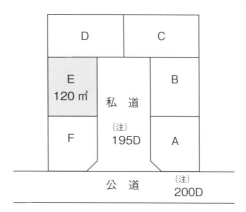

(注) 上記の私道には路線価が付設されていない場合が多く，「195D」の仮路線価を付設した例です。

 A地〜F地の土地所有者は，自分の所有地の前に私道の所有権を持つことはほとんどありません。

評価通達の規定では，
① 私道の価値は宅地に転嫁しており，有償で買い受ける人はいない。
② 鑑定評価上は無価値の私道でも，7割減にしかならない。
ことから大いに問題があるといわざるをえません。

上図のように専ら特定の者の通行の用に供されている私道は，主としてA地〜F地の土地所有者が通行するために，私道でないものとした価額の30％相当額で評価されます。

宅地開発業者が宅地を売り出す場合は，私道の価値は宅地に転嫁しているた

12 道路位置指定を受けた私道でも70％減

め，私道の築造費および潰れ地は鑑定評価ではゼロと査定されます。

　私道部分の価額はいくら，宅地部分の価額はいくらと別々に表示することはなく，広大地通達と同様に，私道部分の価額が有効宅地部分に転嫁しているからです。

　たとえば，E地が120㎡で，私道部分の持分が120㎡の場合，次の①と②のどちらが理論的でしょうか。

① 評価通達による場合
　　120㎡ × 195,000円／㎡ ＋ 60㎡ × 1/6 × 30％ × 195,000円／㎡
　　＝ 23,985,000円
② 鑑定評価により私道の価値をゼロとした場合
　　120㎡ × 195,000円／㎡ ＝ 23,400,000円

　筆者は，明らかに②の方が理論的に正しいと思います。

13 私道は専用空間として独自の利用価値を持つ

Q 私道の評価は，評価通達による評価と鑑定評価とでは大きな違いが生じることはよくわかりましたが，そもそも私道にはなぜ価値が生じるのですか？

A 私道が通行の用に供されるのみであるとすれば，評価上，私道の価値はすべて宅地に転嫁していると解され，私道の交換価値はゼロです。したがって，評価通達の30/100は過大な評価です。

ただし，不特定多数の者の通行の用に供される私道の価値は，評価通達でもゼロとされています。

私道に市場価値が生じる場合を考えてみましょう（旧社団法人日本不動産研究所「官公庁で採用している不動産評価の算定基準」および「私道の評価方法」参照）。

現実の不動産取引市場で私道が単独で取引されることは極めて稀であり，ほとんどが宅地に付随した形での取引です。

私道が築造されるのは，大規模な土地を利用する場合に一体として利用するより小規模な画地に分割利用することが最有効と判断された場合や，無道路地を解消しようとする場合や，公道を私人の負担において拡幅する場合等です。

いずれの場合も，私道に接する宅地の価値を築造前より増価させるためであり，私道の価値を考えるにあたっては，私道と一体関係にある宅地の価値を考慮せざるをえません。

本来，私道の効用はこれに接する宅地の通行に供するという点にありますので，私道の評価は私道の用途を変更させることを前提としてはいけません。

たとえば，私道を駐車場にすること，細長い建物の敷地として利用することが最有効使用であると捉えて評価をすると，私道に接する宅地が無道路地になってしまいます（もちろん，具体的に廃道となっている場合や，廃道する計画がある場合にはこれでもよいでしょう）。

したがって，仮に私道の効用が通行に供されるのみであるとすれば，評価上，私道の価値はすべて宅地に転嫁していると解され，私道の交換価値はゼロとい

13 私道は専用空間として独自の利用価値を持つ

うことになります。

しかし、実際の鑑定評価、あるいは官公庁で採用されている私道の各種評価基準の多くは、私道の価値をみています。これは、私道の効用が通行に供されるのみではないという見解に立脚していることを意味しています。

私道に価値が生ずる根拠をあげると次のとおりです。

① 権利者の多寡や私道の形態等により難易の程度が異なりますが、原則的には、権利者の意思に基づいて私道を廃止し、他の土地と一体利用することが可能であること
② 権利者は所有権の移転あるいは通行地役権、地上権、抵当権、質権、借地権等の設定により対価を受け取ることが可能であること
③ 専用空間として、公道においては不可能な独自の利用が可能であること
④ 独占使用される私道つまり路地状敷地は建ぺい率、容積率の算定の際に加算されること

上記4点は、通行に供される以外の私道の効用を述べたものです。

公共用地の買収において、あるいは再開発事業で固定資産税の対象になっているから価値があるという論法がありますが、これは循環論であり、私道の価値の本質を考えるにあたっては採用し難いといえます。

また、日照や通風を確保する効用、防災空間としての効用、建築基準法での容積率に与える効用等が考えられますが、これらの効用は、公道の効用と何ら変わることはなく、すべて私道に接する宅地の価値に転嫁されてしまいますので、私道に価値を生じさせる理由とはならないと考えます。

建築基準法43条ただし書道路では、私道として使っていても駐車場等として利用される場合があり、価値を持つこともあります。一般的には、私道自体は宅地に転嫁され、宅地としての販売価額に含まれており、単独ではほとんど価値を有しません。不動産業者が宅地を販売する際にも、宅地部分がいくら、私道部分がいくらと別々に表示することはありません。

このように、評価通達による30/100（不特定多数の者の通行の用に供されるものを除く）で価値を見ることは、通行以外に価値がないにもかかわらず過大な評価であると言わざるをえません。

14 セットバック部分の30％評価は過大

Q 私が父から相続した土地は，幅員が2.7mの建築基準法42条の2項道路に面しており，建物を建築する場合はセットバックが必要であり，セットバック部分についても宅地の30％で評価されると言われました。道路を拡幅すれば車も入りやすくなると思われますが，その評価は過大ではありませんか？

A セットバック部分は，評価通達では30％で評価されますが，鑑定評価では一般にはゼロ評価です。

（セットバックを必要とする宅地の評価）
24-6　建築基準法第42条第2項に規定する道路に面しており，将来，建物の建替え時等に同法の規定に基づき道路敷きとして提供しなければならない部分を有する宅地の価額は，その宅地について道路敷きとして提供する必要がないものとした場合の価額から，その価額に次の算式により計算した割合を乗じて計算した金額を控除した価額によって評価する。ただし，その宅地を24-4《広大地の評価》(1)又は(2)により計算した金額によって評価する場合には，本項の定めは適用しないものとする。

〈算式〉

$$\frac{将来，建物の建替え時等に道路敷きとして提供しなければならない部分の地積}{宅地の総地積} \times 0.7$$

次に，計算例をあげて説明しましょう。

14 セットバック部分の30％評価は過大

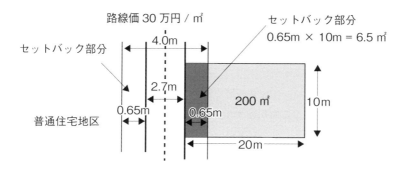

① 評価通達による評価

$$200㎡ \times 300,000円/㎡ - 300,000円/㎡ \times \frac{6.5㎡}{200㎡} \times 0.7 = 59,993,175円$$

② 鑑定評価による評価

$$200㎡ \times 300,000円/㎡ - 300,000円/㎡ \times 6.5㎡ = 58,050,000円$$

セットバックとは，建築基準法42条の2項道路に接道している場合等，道路幅員が4m未満の場合，将来，車両の通行等を容易にするため，道路の中心からお互いに2m以上バックして建物を建築しなければならない，という規定です。

建築基準法の公布前の旧道路においては，一間，一間半，二間というように尺貫法が道路の基準でしたが，現在では車両の通行等を容易にするため，幅員は4m以上を基準にしています。したがって，幅員が4m未満の道路は，セットバックをして最低4m以上の幅員を確保するようにしています。

セットバックは道路幅員の最低限の基準を充たすために必要な規定であり，筆者は，その価値が30％あるとするのは納得いきません。

不特定多数の者の通行の用に供される私道はもちろんゼロ評価ですが，セットバック部分も，通行の用に供する以外の使い道はなくゼロ評価とすべきです。

私道の地積が小さい場合は大きな問題とはなりませんが，大きい場合はかなりの負担額となり，時価と乖離することになります。

既存の建物があり，それが有効利用されており，地代収受権を有している場合は課税対象とし，何ら有効利用していない更地の価値はゼロと見るのが妥当

です。

> **【路線価により計算した価額の 30/100 に相当する価額が妥当とされた事例】**
> (東京高等裁判所平成 17 年《行コ》第 335 号)
> 　評価通達は，私道を，①公共の用に供するもの，つまり，不特定多数の者の通行の用に供するいわゆる通り抜け道路，②袋小路に分け，上記①に該当するものについては，私有物としての利用が大きく制限され，公共性も強くなり，私道を廃止して宅地となる可能性が極めて小さくなるので評価しないこととし，上記②に該当するものについては，ある程度の制約はあるが，私有物としての使用，収益，処分は可能であり，特にそのような私道に隣接する土地が同一人の所有に帰属することから路線価の 30％に相当する額により評価することとしているものと認められる。

　私有物としての使用収益処分が可能な場合や，土地価格比準表を根拠としているが，逆に使用収益処分ができない場合は，価値はゼロです。

　なお，公共用地の取得においては，事業計画を容易にするために私道の価値を見る場合がありますが，一般の鑑定評価ではゼロ評価です。

15 既存の建物がある場合に，地代収受権があるとして，宅地も交換価値を有するとした裁判例

Q セットバック部分についての裁判例はどのようになっていますか？

通り抜け道路と袋小路に分け，前者については評価しないが，後者については路線価の30％で評価されるとする裁判例が多いといえます。その根拠として，私有物の使用収益処分が可能であるとしています。使用収益処分ができない場合は，ゼロ評価が妥当でしょう。

【建築基準法42条2項に基づくセットバック部分を課税対象とすることの是非について争われた事例】（平成15年7月16日横浜地方裁判所平成13年(行ウ)第31号）
<u>建築基準法42条2項に基づく指定により道路とみなされた宅地（いわゆるセットバック対象地）上に既存の建築物がある場合においては，その建築物について直ちに除去等の義務が生じるわけではなく，みなし道路部分は，将来において建築制限を受けるにとどまる。</u>
<u>そうすると，宅地のうちみなし道路部分についても，同部分上に既存の建築物がある場合には，現に建築物の敷地として有効に利用されているということができるものであり，底地も当該みなし道路部分の利用も含めた地代収受権を有しているのであるから，当該部分もなお交換価値を有するものであることは明らかであって，これを課税対象とすること自体が違法となるものではないというべきである。</u>（下線・筆者）

上記の裁判例は，既存の建物があり，それが有効利用されており，地代収受権を有している場合は課税対象とするものです。既存の建物がない場合はゼロ評価とすべきです。既存の建物があっても，建替えの際はセットバックをせざるをえないため，ゼロ評価とすべきです。

16 評価通達と鑑定評価における無道路地の評価の違い

Q 私が父から相続した土地は無道路地で，建物が建てられないので買い手はいないと言われました。買い手がいない土地は，相続税評価でもかなり下がるのではないでしょうか？

A 鑑定評価では，取付道路の取得の可否は費用性に重点を置いて，道路買収の実現性，合法性，利害関係人の利益を害することがないことを条件に評価しますが，評価通達では，道路部分は取得できるものと考え，無道路地の控除額を最高40％と定めています。

（無道路地の評価）
20-2　無道路地の価額は，実際に利用している路線の路線価に基づき20《不整形地の評価》の定めによって計算した価額からその価額の100分の40の範囲内において相当と認める金額を控除した価額によって評価する。この場合において，100分の40の範囲内において相当と認める金額は，無道路地について建築基準法（昭和25年法律第201号）その他の法令において規定されている建築物を建築するために必要な道路に接すべき最小限の間口距離の要件（以下「接道義務」という。）に基づき最小限度の通路を開設する場合のその通路に相当する部分の価額（路線価に地積を乗じた価額）とする。
(注)
1　無道路地とは，道路に接しない宅地（接道義務を満たしていない宅地を含む。）をいう。
2　20《不整形地の評価》の定めにより，付表5「不整形地補正率表」の（注）3の計算をするに当たっては，無道路地が接道義務に基づく最小限度の間口距離を有するものとして間口狭小補正率を適用する。

無道路地とは，直接道路に接しない宅地をいいます。

16 評価通達と鑑定評価における無道路地の評価の違い

　無道路地は，道路に接面する宅地と比較して著しく効用が劣ることになり，隣接地を買収しなければ建物の建築ができません。

　従来は無道路地を不整形地としてとらえ，不整形地として評価した額から必要最低限の通路開設費用を控除して最高30％の範囲を減額して控除できるとしていましたが，平成11年に評価通達が改正され，以降は，接道義務を充たしていない宅地は無道路地に準じて扱い，減額割合が最高40％の範囲と定められました。

　一方，不動産鑑定評価基準では，取付道路の取得の可否およびその費用性に重点が置かれています。

　また，『土地価格比準表の手引き(七次改訂)』では，次のように解説されています。

> 　無道路地については，無道路地が道路に接していないことにより住宅地としての一般的な使用が現実に不可能ではあるが，道路開設により使用可能なものとなることに鑑み，住宅地として利用するために最も適した道路に至る取付道路を想定して，袋地の評価方法に準じて評価額を求め，この額から当該取付道路用地の取得原価等の道路開設に要する費用の額を差し引いて無道路地としての価額を求め，これにより無道路地であることによる格差率を求めることとなる。

　評価通達の問題点として次の2つが挙げられます。

① 取付道路の取得の可否が明確ではないにもかかわらず，路線価で買収できるものと想定し，接道条件に基づいて最小限度の通路を設ける場合の，その通路に相当する部分の評価額を控除することは妥当か。

② 区分地上権に準ずる地役権の評価（評価通達27-5）では，建物が建築できない場合を50％減価としているのに比して，40％の減価は少なすぎるのではないか。

　相続税法22条にいう「時価」とは，不特定多数の当事者間において自由な取引が行われる場合に通常成立すると認められる価額，すなわち客観的な交換価値と解されます。

　相続時に無道路地が解消できた場合は価値を持ちますが，解消できない場合はかなり低い価額になります。確かに潜在価値はありますが，顕在化するとは

限らず，不安定な側面を持ちます。したがって，将来顕在化した場合の価値ではなく，相続時の価額，すなわち無道路地のままの価値を求めるべきです。

　以上の見解に立てば，ご質問のように大幅な減価が必要です。

☞ 相続税評価において無道路地の価格が高く出すぎます。隣接地の人が道路開設のための土地を売却してくれない場合，道路のない土地は市場性が著しく劣り，最有効使用が異なることが一般的です。減価率を大きくしないと納税者は納得しないのではないかと思われます。

コラム＊2

土地評価に精通した税理士に相続税の申告を依頼しよう！

　ある税理士が申告した申告書を他の税理士が還付請求をするケースが圧倒的に多いといえます。その場合，土地の評価額を再検討して還付されるケースが多いでしょう。

　土地は個別性が強く，同じものが２つとありませんから，それに適用できる特例や個別的要因は１つ１つ異なることに留意すべきです。

　相続財産全体で土地の割合は50％余りと言われています。

　「払い過ぎた相続税が戻って来ます！」というキャッチフレーズでビジネス展開をしている税理士がいますが，その中身を吟味してみると，税理士は土地評価の専門家ではないため，その評価の仕方が基本的に間違っているケースが圧倒的に多いのです。

　やっかいなことに，少ない税金に対しては課税当局から指摘がありますが，納め過ぎた税金については課税当局から指摘がありません。

　相続税の還付に成功した事例を不動産鑑定士の目で見ると，単純な評価上の誤りが多いのです。土地評価に精通した税理士に申告を依頼した方が納税額が少なくてすみます。

17 無道路地の最大減価は40％

私は父から無道路地を相続しました。無道路地の評価の仕方を例示してください。

無道路地は，路線価で買収できるものとして，その費用を全体の価額から差し引いて評価します。

無道路地の評価の仕方を例示しましょう。

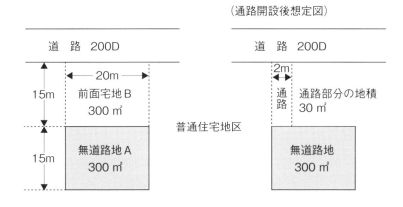

(1) 無道路地Aの奥行価格補正後の価額

① 無道路地Aと前面宅地Bを合わせた土地の奥行価格補正後の価額

② 前面宅地Bの奥行価格補正後の価額

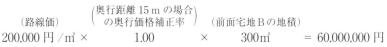

③ ①の価額から②の価額を控除して求めた無道路地Aの奥行価格補正後の価額

　　　　　　　（A＋Bの価額）　　（Bの価額）
　　　　　　117,600,000 円 － 60,000,000 円 ＝ 57,600,000 円

(2) 不整形地補正（または間口狭小・奥行長大補正）

　　不整形地補正率：0.79（普通住宅地区・地積区分A・かげ地割合50％）

$$
かげ地割合 = \frac{\underset{600㎡}{(想定整形地の地積)} - \underset{300㎡}{(無道路地の地積)}}{\underset{(想定整形地の地積)}{600㎡}} = 50\%
$$

　　間口狭小補正率：0.90（間口距離2m）
　　奥行長大補正率：0.90（間口距離2m・奥行距離15m）

　　（不整形地補正率）　（間口狭小補正率）　　　　（小数点第2位未満切り捨て）　　　（間口狭小補正率）　（奥行長大補正率）
　　　　0.79　　×　　0.90　　＝　　0.71　　＜　　0.90　　×　　0.90　　＝　0.81

　　　　（奥行価格補正後の価額）　（不整形地補正率）
　　　　　57,600,000 円　　×　　　0.71　　　＝ 40,896,000 円

(3) 無道路地としての斟酌（通路部分の価額）

　　　（路線価）　　（通路部分の地積）
　　200,000 円／㎡ ×　　30㎡　　＝ 6,000,000 円 ＜ 40,896,000 円 × 0.4

(4) 評価額

　　　　　40,896,000 円 － 6,000,000 円 ＝ 34,896,000 円

　上記の事例では，40％を採用すると，

　　　　　40,896,000 円 × 0.4 ＝ 16,358,400 円

となり，評価額は次のようになります。

　　　　　40,896,000 円 － 16,358,400 円 ＝ 24,537,600 円

　評価通達では通路開設費用を差し引くのみで，評価額を3,489万6,000円としていますが，実務では道路開設の実現性，合法性，利害関係人の利益を害しないことを前提として道路開設費用を査定しています。

　相続税評価においては，隣接地の同意を得ることは困難です。したがって，路線価で隣接地が購入できるという安易な立場に立つべきではありません。筆者は，最大限50％に減価すべきと考えます。

17 無道路地の最大減価は40％

　評価通達27-5は，区分地上権に準ずる地役権の評価について次のように規定しています。
　① 建物の建築が全くできない場合：50/100またはその区分地上権に準ずる地役権が借地権であるとした場合に，その承役地に適用される借地権割合のいずれか高い割合
　② 建物の構造，用途等に制限を受ける場合：30/100
　区分地上権に準ずる地役権とは，特別高圧架空電線の架線等を目的として地下または空間に上下の範囲を定めて設定されたもので，建造物の設置を制限するものをいいます。借地権割合が60％の場合は，上記の①は40/100になります。
　「公共用地の取得に伴う損失補償基準細則」（用地対策連絡協議会）は，減価率50％を標準として，土地の利用状況，制限の内容等の事情に応じて減価すると規定しています。
　17万ボルト以上の高圧線下にある宅地であっても庭としての利用は可能であり，建物の建築はできなくても，道路と接していれば駐車場や資材置場としての利用は可能であるため利用価値が高いといえます。
　地役権を設定する場合は損失補償を受けているため，住宅地である場合，借地権割合は50％ではなく40％にしたと考えられますが，地役権の設定を受けていても全く建物が建築できない場合は少ないといえます。
　無道路地の場合は建物の建築が全くできないケースがほとんどであるため，相続時点を基準とすると，通路部分の買収が行われていないのですから，その点を考慮する必要があります。
　したがって，筆者は，無道路地は40％ではなく50％の減価率が必要であると考えます。
　無道路地を袋地状の土地として買収する場合，割り引くことができる通路開設費用も路線価の1.5倍程度にする方がより現実的であるといえます。
　無道路地は囲繞地通行権を有しているとはいえ，通路部分の開設は顕在化されているわけではなく，また，どの部分に囲繞地通行権を有するかという不明確な想定を含みます。
　評価通達は通路開設が実現できるものとし，かつ，その取得費も路線価で買収できるとしているため，鑑定評価からみれば，極めて実現性が不確実な想定

17 無道路地の最大減価は40％

であると言わざるをえません。

現実の市場では，隣接地の買収額は標準画地より高いのが一般的です。

無道路地の場合，公道とつながる部分を保有している人は足元をみて価額を釣り上げてきて，隣接地は路線価ではなかなか買収できません。

このように非現実的な通路開設費用を設定していることが問題であると言わざるをえません。

大量に多くの事務処理をする評価通達では個別の問題をいちいち検討しても始まらないとする立場からいえば，より大きな減価によって実現性が高くなることも重要です。

『土地価格比準表の手引き』は具体的な減価率を示しておらず，現地の実態に応じて適正に運用することを求めています。このことは取りも直さず，通路部分の買収に応じてくれた場合はよいが，応じてくれなかった場合は，囲繞地通行権は有しているが，建物の建築ができないため最有効使用が異なることになります。

評価通達は，通路部分が路線価で買収できることを前提にしており，しかも，減価額は最高で40％と決めており，通路買収費用の方が少ない場合は，その費用が減価対象になるという不合理な側面を有しています。

同一の近隣地域内に類似の袋地の取引があれば，その格差率は参考にはなります。ただし，無道路地は宅地としての一般的な使用が現実に不可能であるため，市場価値を有していません。

隣接地を買収できない場合は，市街化区域であっても家庭菜園等の利用に限られることになるのではないでしょうか。

筆者は，下式のように，通路部分の開設費用は少なくとも路線価の50％以上の割増しとすべきであると考えます。

$$\text{通路開設費用} = \underset{(路線価)}{200,000 \text{円}/\text{m}^2} \times 1.5 \times \underset{(通路部分の地積)}{30\text{m}^2} = 9,000,000 \text{円}$$

18 接道義務を充たしていない土地に建物が立っている場合

Q 私が父から相続した土地は道路に1.5 mしか接していないため，建物の建築はできません。評価通達が規定する隣接地の買収費用は市場価額とは思われません。どうすればよいでしょうか？

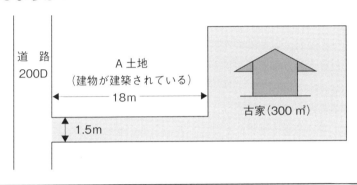

A 評価通達では，不整形地補正率を施し，隣接地の買収費を差し引いた価額で評価します。時価で評価するためには鑑定評価を依頼することをお勧めします。

東京都の建築安全条例では，道路までの距離が20 m以下の場合は2 m以上，20 mを超える場合は3 m以上の道路幅員が必要であるとされています。

道路までの距離	20 m以下	20 m超
通路幅員	2 m以上	3 m以上

上図のように，A土地の境界ぎりぎりにまで建物が立っている場合は，隣接地の買収は極めて困難です。

しかも，建物は境界線から50 cm以上離さなければならず（民法234条），A土地は建物を取り壊して通路部分を2 mに拡幅しなければなりません。

この場合，無道路地の評価に準じて評価できることになりますが，たとえばA土地との境界に石垣等が積まれている場合は，道路買収ができないにもかかわらず，通路部分の買収が可能であると評価することは実現性の観点から問題があります。

　筆者は，かつて，裁判の調停において，建物の建築が不可能な無道路地の価格は標準価額の半値であっても買い手がいるかどうかわからないとのことで，時価を査定する上で苦慮した経験があります。

　上例のような土地こそ鑑定評価が必要であると思います。

　単純に不整形地補正率から通路部分の開設費用180万円（＝0.5 m×18 m×20万円）を差し引くことにより相続税の評価額が求められるものではなく，市場価額を形成するとはとても思えません。

☞ **既存不適格の建物の評価は，不動産鑑定評価理論においても極めて難しい問題です。市場性を考えた場合，かなり低い価格になります。**

19 建築基準法の接道義務を充たしていない土地の鑑定評価が採用された裁判例

Q 建築基準法の接道義務を充たしていない土地で争われた裁判例を紹介してください。課税庁の路線価方式による評価は時価を表わしているとは思えません。

A 東京地方裁判所では課税庁側が勝訴しましたが，東京高等裁判所では裁判所による鑑定評価を容認し，納付すべき税額が過大であるとして納税者が勝訴した裁判例を紹介しましょう。

建築基準法の接道義務を充たさない土地の減価率をどの位見るかという極めて重要な問題を提起している裁判例です。

【建築基準法の接道義務を充たさない土地において課税庁の路線価方式による評価を採用せず裁判所の選任した不動産鑑定士による評価額を採用した事例】

(第一審：東京地方裁判所平成12年2月16日判決)

〈課税庁の評価額〉

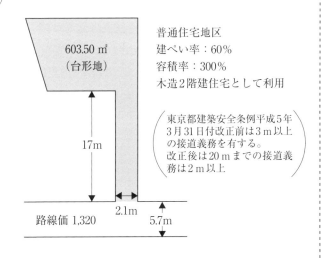

$$\begin{array}{ccccc}\text{(路線価)} & \text{(奥行価格補正率)} & \text{(不整形地補正率)} & & \text{(持分割合)} \\ 1{,}320{,}000\,\text{円}/\text{m}^2 \times & 0.89 & \times\quad 0.81 & \times\ 603.50\,\text{m}^2 \times & 0.90\end{array}$$

$$\begin{array}{cc} & \text{(持分割合)(不足地)} \\ -\ 1{,}320{,}000\,\text{円}/\text{m}^2 \times 15.30\,\text{m}^2 \times & 0.90\end{array} = \underline{498{,}678{,}622\,\text{円}}$$

〈納税者の鑑定評価額〉

・個別的格差

$$\begin{pmatrix}\text{地 積 過 大}：\triangle 20\% \\ \text{路地状敷地}：\triangle 30\% \\ \text{無 道 路 地}：\triangle 40\%\end{pmatrix}$$

・標準価格　：1,450,000 円/m²

　　1,450,000 円/m² ×（100％ － 20％）×（100％ － 30％）×（100％ － 40％）

　　= 487,200 円/m²

　　　　　　　　　　　　　　（持分割合）
　　487,200 円/m² × 603.50 m² × 　0.90　 ≒ 264,600,000 円

　評価通達は，次の点で不合理である。

(1) 準正確性（画一性の要請の範囲内で評価の正確性が確保されているか否か)

　　建築基準法43条1項，東京都の建築安全条例3条等は，間口が2m未満の土地における建物の建築を禁止している。その結果，合法的に建物を建築できない間口2m未満の土地の経済価値は当然に大きく下落する。実質取引市場では，間口が狭い土地であっても，間口2mが確保されている土地とそうでない土地の取引価格は大きな差がある。

　　それにもかかわらず，評価通達においては，間口2m未満の土地は，極めて多数存在しており，間口狭小の補正に関する規定は合理性を欠いている。

(2) 不整形地補正率に関し，評価通達は評価減の幅を3割の範囲に抑えている。

　　不整形地補正における減額幅を3割まで制限するという規定には，何ら必然性・合理性はなく，適正な評価を行う上に必要な範囲で評価減を行うべきである。

(3) 公平性の欠陥

　　区分地上権に準ずる地役権の承役地に関する規定では，建物の建築が不可能な場合には5割超という大幅な減額が行われている。従って，評価通達間の規定に明らかな不均衡・不公平感が生じているから，間口の狭小補正規定は公平性の観点から不合理である。

19 建築基準法の接道義務を充たしていない土地の鑑定評価が採用された裁判例

(4) 合法性の欠陥

　平成4年から路線価は公示価格の8割水準に設定され，評価の安全性に基づく誤差の許容範囲は僅か2割しかないとしている。すなわち，評価の画一性の面から，大量に生ずる評価の誤差は全て2割の範囲に抑えなければならない。

〈課税庁の主張〉

(1)についての反論——間口狭小補正率は，通常，一画地の地積が小規模である繁華街等や，一画地の地積が大規模であるビル街地区や工場地区では，利用効率の低下の度合が異なることから，地区別に定められている。

　間口狭小補正についての定めはいずれも合理性を有している。

　建物の新築ができない場合には，土地の形状に起因した利用価値の低減であるから，不整形地補正率に反映させるとともに建物の新築ができない場合の斟酌として不足土地に相当する評価額を控除することとしているのであり，間口狭小補正率に接道義務を充足しない場合の規定がないからといって，合理性を欠くことにはならない。

(2)についての反論——国土庁の比準表の個別要因比準表によれば，画地条件である不整形地の最大格差を0.70と定めていることからしても，評価通達が不整形地補正を100分の30の範囲内において相当と認める全額を控除して行うものと定めたことが合理性を欠くとはいえない。

(3)についての反論——地役権が設定されている土地の評価と土地の形状等により利用が制限されている場合とを同様に取り扱うことはできず，間口狭小補正の規定だけをとらえて，不均衡・不公平であるとする納税者の主張は失当である。

(4)についての反論——路線価の規定に当たっては，売買実例価額，公示価格，精通者意見価格等を基として毎年改正され，時価を上回ることのないよう配慮されていることからしても，常に時価を超えた違法な評価が出現するという納税者の主張は誤りである。

〈東京地方裁判所判決——課税庁の勝訴〉

　不足土地の買収価格を単に路線価で評価し，これを控除する方法によることは，接道義務を充足していない土地の客観的時価を評価する方法として合理性を欠く場合もあるものといわなければならない。

　しかし，本件についてみれば，

① 不足土地の購入を想定することは，社会通念上，不可能な場合を想定して

いると解されないこと。
② 不足土地の面積は15.3㎡（＝0.9m×17m）であるのに，本件土地の面積は603.50㎡と極めて大きな差があり，路線価が評価の安全性の観点から地価公示価格と同水準の価格の8割を目途に低めに評定されていること。
③ 相続開始日までの時点修正率が0.96であり，建物が新築できないことについての減価以外に評価方法に不合理がないこと。

から，課税庁が本件土地の客観的時価を算定するに当たって用いた方法が不合理的であるということはできない。

〈東京高等裁判所判決——納税者の勝訴〉

　東京地方裁判所の鑑定額を容認し，申告書に記載した課税標準等の計算が相続税法の規定に従っていない誤りがあり，納付すべき税額が過大であったということができる。そうすると，被告らの更正の請求に対し，更正すべき理由がないとした本件通知処分は違法であるから，これを取り消すこととする。

〈東京高等裁判所による鑑定評価額〉

比準価格，収益価格を加味し，最終的に路地状敷地であることによる減価率	△30%
再建築不可による減価率	△30%
地積過大による減価率	△15%

$(100\% - 30\%) \times (100\% - 30\%) \times (100\% - 15\%) ≒ 41.7\%$

（標準価格（推定））　　　　　　　　　　　　　　　　（持分割合）
$1,320,000 円/㎡ \times (100\% - 41.7\%) \times 603.50㎡ \times 0.90 ≒ 418,000,000 円$

☞ **再建築不可による減価率をどのようにみるかが重要な要素を占め，30％では少なすぎると思われます。**

20 借地権・底地は過大に評価されすぎ

Q 私は，商業地にある宅地を借地しています。借地権割合は70％です。建物の築年は古く，とても相続税路線価の70％で売れそうにありません。それでも，この割合で申告しなければいけないのでしょうか？

A 評価通達では，商業地の路線価は，建物の築年数に関係なく，借地権割合の70％で評価されます。もしその価額で売却できない場合は，鑑定評価によるしかないと思われます。

（借地権の評価）
27　借地権の価額は，その借地権の目的となっている宅地の自用地としての価額に，当該価額に対する借地権の売買実例価額，精通者意見価格，地代の額等を基として評定した借地権の価額の割合（以下「借地権割合」という。）がおおむね同一と認められる地域ごとに国税局長の定める割合を乗じて計算した金額によって評価する。ただし，借地権の設定に際しその設定の対価として通常権利金その他の一時金を支払うなど借地権の取引慣行があると認められる地域以外の地域にある借地権の価額は評価しない。

借地権とは，借地借家法の普通借地権の概念に該当します。

評価通達9にいう借地権とは，借地借家法2条の建物所有を目的とする地上権または土地の賃借権をいい，定期借地権を除いた概念であり，次のように計算されます。

$$\boxed{自用地価額} \times \boxed{借地権割合} = \boxed{評価額}$$

相続時には，自用地価額を算出し，路線価図の借地権割合を乗じて機械的に求めているのが現状です。

筆者も，税務当局との摩擦を避けたいため，やむなく相続税の申告時に路線価図の借地権割合で評価額を求めてしまう場合が多いのが実情です。

21 鑑定評価では借地人に帰属する経済的利益にも着目

 鑑定評価では評価通達とは異なる手法で借地権価格を求めているそうですが，その手法について説明してください。

 鑑定評価では，割合法だけで求めるのではなく，借地人に帰属する経済的利益にも着目して借地権価格を求めています。

不動産鑑定評価基準は，次のように規定しています。

---

① **借地権の価格**

借地権の価格は，借地借家法（廃止前の借地法を含む。）に基づき土地を使用収益することにより借地権者に帰属する経済的利益（一時金の授受に基づくものを含む。）を貨幣額で表示したものである。

借地権者に帰属する経済的利益とは，土地を使用収益することによる広範な諸利益を基礎とするものであるが，特に次に掲げるものが中心となる。

　ア　土地を長期間占有し，独占的に使用収益し得る借地権者の安定的利益

　イ　借地権の付着している宅地の経済価値に即応した適正な賃料と実際支払賃料との乖離（以下「賃料差額」という。）及びその乖離の持続する期間を基礎にして成り立つ経済的利益の現在価値のうち，慣行的に取引の対象となっている部分

② **借地権の鑑定評価**

借地権の鑑定評価は，借地権の取引慣行の有無及びその成熟の程度によってその手法を異にするものである。

　ア　借地権の取引慣行の成熟の程度の高い地域

　　　借地権の鑑定評価額は，借地権及び借地権を含む複合不動産の取引事例に基づく比準価格，土地残余法による収益価格，当該借地権の設定契約に基づく賃料差額のうち取引の対象となっている部分を還元して得た価格及び借地権取引が慣行として成熟している場合における当該地域の借地権割合により

21 鑑定評価では借地人に帰属する経済的利益にも着目

求めた価格を関連づけて決定するものとする。
　この場合においては，次の(ア)から(キ)までに掲げる事項を（中略）総合的に勘案するものとする。
(ア)　将来における賃料の改定の実現性とその程度
(イ)　借地権の態様及び建物の残存耐用年数
(ウ)　契約締結の経緯並びに経過した借地期間及び残存期間
(エ)　契約に当たって授受された一時金の額及びこれに関する契約条件
(オ)　将来見込まれる一時金の額及びこれに関する契約条件
(カ)　借地権の取引慣行及び底地の取引利回り
(キ)　当該借地権の存する土地に係る更地としての価格又は建付地としての価格
(以下，略)

　このように，鑑定評価では，評価通達の割合法だけで借地権価格を求めるのではなく，借地人に帰属する経済的利益に着目して借地権価格を求めます。
　借地権割合法は借地人と底地人間の売買の場合は正常価格ですが，第三者間では正常価格ではない場合が多いといえます。

22 地主が借地権を購入した場合は，正常価格とはいえない

Q 借地権価格は地主が購入する場合は高いでしょうが，地主以外の人はよほど安くしないと買わないのではありませんか？ 地主以外の人が購入する場合の価格は正常価格とはいえないのではないでしょうか？

A 地主以外の人が借地権を購入する場合，鑑定評価では，［更地価格＞借地権価格＋底地価格］であり，正常価格とはいえません。

評価通達の考え方は，正常価格ではなく限定価格です。

借地権（底地）割合法では，評価通達における時価，すなわち，「不特定多数の当事者間で自由な取引が行われる場合に成立しうる価額」をいいます。

すなわち，買い進み・売り急ぎがなかったものとした場合の価額ではなく，借地権者が底地を買い取る場合の価額，もしくは底地権者が借地権を買い取る場合の価額です。

路線価そのものが自用地価格の20％引きであるから問題はないという人もいますが，現実の市場では借地権・底地を単独で購入しようとする人はかなり少なく，市場価値と乖離した売却不可能な資産であるにもかかわらず，多額の相続税が課されます。

実際の借地権と底地の第三者売買価格は，筆者の経験からいうと，相続税路線価に借地権割合をかけた価格を下回るのが現実です。売却できればまだしも，正常価格では売却できないケースがかなり多くあります。第三者が借地権・底地を買う場合は，相続税路線価に対して，次のようになります。

借地権	30％～50％
底　地	10％～20％
乖　離	60％～30％

［更地価格＞借地権価格＋底地価格］

［更地価格＝借地権価格＋底地価格］ではありません。したがって，差引計算

22 地主が借地権を購入した場合は、正常価格とはいえない

は現実的ではありません。

解決策として、相続の発生時に借地人に底地を買ってもらうようにしていますが、現実には借地人にその資力がない場合が多く、取引が成立しないケースが見受けられます。そうかといって、底地の買取専門業者に話を持って行っても、足元を見られ、成約価格は路線価のせいぜい 10％〜20％です。

普通借地権の場合、地代は安く、固定資産税の 3 倍程度です。横浜の例では、50 坪で地代が 500 円／坪の場合、25,000 円余りで駐車場 1 台分の月額料金です。

相続時点では、底地人、借地人のいずれも購入の意思表示を示していません。

将来買い受ける意思表示をしている場合はともかく、意思表示をしていない場合がほとんどであり、その場合は相続税額が高くなります。

将来底地人または借地人が購入する可能性による潜在価値を根拠にしている裁判例もありますが、それは妥当ではなく、顕在化されて初めて潜在価値が実現したと解すべきでしょう。

その意味で、借地権と底地を合計した割合は 100％にならなくてもよいと思います。

時価とは、相続時の客観的な交換価値をいいます。

評価通達 1 は、課税時期に「不特定多数の当事者間で自由な取引が行われる場合に通常成立すると認められる価額」を時価としており、借地人が底地を買うような当事者間の取引ではないと明確に規定しています。

平成 27 年の相続税法の改正により、基礎控除額が 3,000 万円となり、法定相続人一人当たりの控除額が 600 万円になりました。

底地人が借地権を買うケースや逆の場合はよいでしょうが、第三者が借地権を買うケースは極めて限られています。

したがって、底地や借地権を多数持っている人にとっては、相続税の申告時に致命的な打撃を抱えることになります。

底地は物納が可能ですが、借地権の物納はかなりハードルが高く、深刻な問題となります。

なお、正常価格とは、合理的な市場で形成されるであろう市場価値を表す適正な価格をいいます。

不動産鑑定評価基準では、限定価格とは、「市場性を有する不動産について、

不動産と取得する他の不動産との併合又は不動産の一部を取得する際の分割等に基づき正常価格と同一の市場概念の下において形成されるであろう市場価値と乖離することにより，市場が相対的に限定される場合における取得部分の当該市場限定に基づく市場価値を適正に表示する価格」をいいます。

　限定価格を求める場合を例示すれば，次のとおりです。

　① 借地権者が底地の併合を目的とする売買に関連する場合
　② 隣接不動産の併合を目的とする売買に関連する場合
　③ 経済合理性に反する不動産の分割を前提とする売買に関連する場合

　簡単に言えば，正常価格とは不特定多数の人が買い受ける場合の価格を，限定価格とは借地人が底地を買い受ける場合や，底地人が借地権を買い受ける場合の価格をいいます。

23 借地権はファイナンスが十分ではなく，担保価値はかなり低い

 借地権単独の売買事例はほとんどなく，稀にあってもかなり低い価格であるのはなぜですか？
売買価格が低いにもかかわらず相続税評価額が高いのは納得できませんし，銀行は中古建物の借地権には融資をしてくれません。

 旧法の普通借地権を購入しようとしても，銀行による融資はほとんど行われず，行われても担保価値はかなり低くなります。

借地権や底地を購入しようとして銀行に融資を依頼すると，その担保価値がかなり低いか，全く融資してくれない銀行もあります。

借地権を売却するには，地主の承諾が必要です。地主が承諾しない場合は，資金回収がショートしてしまいます。

借地権の購入者は自己資金を持っている人か，借地権者あるいは底地人に限定されます。

また，借地権の取引慣行の成熟の程度の高い地域で借地権を第三者に売却する場合は，名義変更の承諾料として借地権価格の10％程度を地主に支払うケースが多いといえます。

鑑定評価では，仲介手数料と同様に地主の承諾に要する対価と解し，借地権価格を構成しないという考え方をとっています。しかし，地主以外の第三者が借地権を購入する場合は，借地権価格と名義変更料の合計額が借地権の対価となり，その分だけ借地権価格が低くないと購入が難しくなります。

借地権の資産価値は，名義変更料を考慮すると，自用地評価額に借地権割合を乗じた価格から10％を控除した額とするのが一般的です。

なお，建物は古くなればなるほど更新料や増改築承諾料が生じるにもかかわらず，割合法で一律に計算されるため，借地権価格そのものは高くなる傾向にあります。

24 借地権の売買価格が相続税の評価額よりもかなり低い場合

Q 私の父は，昭和39年築の地下1階付8階建の借地権付建物を所有しており，区役所からは耐震補強をするよう言われていました。耐震補強工事には約2億円かかるとのことで，区から6,000万円の補助金をもらっても，1億4,000万円の自己負担が必要です。

先日，父が死亡し，私がその建物を相続しました。この借地権付建物を3,950万円で買いたいという人がいますが，相続税の評価額の1億617万6,000円で申告しなければいけないのでしょうか？

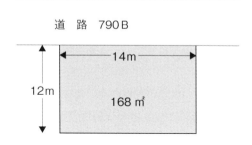

間口補正，奥行価格補正はない。
評価額：790,000円/㎡ × 168㎡ × 0.8 ＝ 106,176,000円

A 借地権の実際の売却価格3,950万円で相続税の申告をすることをお勧めします。課税庁が認めない場合もありますので，1億617万6,000円で申告して更正の請求を出すのも一案です。

筆者の例では，鉄筋コンクリート造の築40年以上の8階建の借地権付建物を所有していた人が生前，売却を希望していましたが，地代が高かったため地

24 借地権の売買価格が相続税の評価額よりもかなり低い場合

主は売却に応じようとしませんでした。

その人は，耐震補強工事にはかなりの費用がかかるし，もし地震で建物が倒壊して死者が出たりしたら大変だ，といつも言っていました。

お尋ねの例では，借地権割合は80％になります。しかも，借地権割合は，建物の築年数や堅固・非堅固に関係なく決定されます。

お尋ねによりますと，相続税評価額が売却価格の約2.7倍になっています。

借地権取引にはファイナンスが十分ではなく，地主が買ってくれない場合の割合法では，相続税の評価額はかなり高くなります。

☞ 借地権の第三者間の売却価格はかなり低く，取引事例もほとんどないのが実状です。取引事例がないということは，ほとんど市場性がないといってもよいと思います。特に建物は新築間もないときはよいが，古くなるとほとんど地主以外には買手がいないといってもよいと思います。物納も難しい土地が高額に評価されるところに問題があります。

25 借地権は生前対策が必要

Q 私の父は，約100坪の借地に木造2階建ての自宅を所有しています。周辺には高層の建物が立っています。借地契約の更新時期は2年後です。借地権割合は80％です。建物を新築するには多額の建替え承諾料が必要だと言われています。生前対策としては，何がありますか？

A 相続税額は，宅地価格に借地権割合の80％をかけて計算されます。その際には，借地契約の更新料も建替え承諾料も差し引くことはできません。

したがって，土地の間口が広い場合は，固定資産の交換（底地と借地権の交換）をされたらいかがでしょうか。

多くの場合，更新料は更地価額の2％～4％前後，建替え承諾料は更地価額の5％～6％前後です。

生前対策としては，次のことが考えられます。

① 地主と借地人が一緒になって底地・借地権を売却し，路線価の安い土地を買う。
② 地主と借地人が底地と借地権を交換して，各自が独立した財産を手に入れる。
③ 地主と借地人が共同ビルを建て，一部を各自の居住用に，一部を貸家にして家賃収入を得る。
④ 地主に借地権を買い取ってもらう。
⑤ 借地人が地主に借地権の一部を売却して，その資金で借地上に建物を新築する。

なお，評価通達では宅地価格に借地権割合を乗じますが，その評価額が時価を上回る場合は，鑑定評価では将来発生する更新料を控除しますので，鑑定評価をとることをお勧めします。

26 借地権価格の相続税評価における不動産鑑定士の役割

Q 借地権価格は，評価通達によって一律に評価されるため，弊害が多いように思われます。相続税評価にあたって，不動産鑑定士の役割は極めて重要なのではないでしょうか？

A 各国税局が路線価図に示している借地権割合は指標にはなりますが，借地権ほど個別性が強い権利は他にありません。

借地権価格は時価と乖離することが多く，相続時に過大に評価されると，納税者には大きな負担になります。

時価を上回る価格で相続税評価されないようにするためには，不動産鑑定士の役割が極めて重要です。

借地権や底地の市場価格を反映させた適正な鑑定評価は極めて重要です。

相続税評価額が妥当か否かを国税不服審判所の裁決や裁判所の判決によって決着をつけることによって事例が蓄積されていけば，大きな前進になるのではないでしょうか。

筆者は，相続税評価額が市場価格より保守的な価額であるとするならば，住宅地の借地権割合を50％，底地割合を30％とし，合計で100％を下回る方向で位置づけるのが妥当な方法であると考えます。

そのような価格が妥当か否かは，東京・銀座の一等地の借地権割合は90％となっており，市場価格とはかなり乖離しているのをみれば理解できるのではないでしょうか。

時価と大きく乖離することが多く，相続時に過大に評価されると納税者には大きな負担となります。

27 「土地の無償返還の届出」がある借地権価格はゼロである

Q 私の所有地を私が代表取締役を務める会社に貸与し，相当の地代ではなく通常の地代を受け取っています。「土地の無償返還の届出書」は提出していますが，相続時に借地権価格で申告できますか？

「土地の無償返還の届出書」が提出してあれば，借地借家法2条には該当せず，更地価格で評価するのが妥当です。

立退き補償等の考えから，借地権価格の20％は差し引くことができます。20％は，会社の株式に反映させます。

通常の権利金も相当の地代も授受しない借地権の設定等であっても，契約当事者間の借地契約において将来借地人が借地を無償で返還することを定め，その旨を土地所有者と借地人との連名の書面により所轄の税務署長または国税局長に届け出た場合には，税務上もその当事者の契約内容を尊重して，権利金の認定課税をしない代わりに，土地の低廉賃貸による経済的利益の供与があるものとして，相当の地代と実際の地代との差額について年々課税することとされています。

このような場合には，その契約内容からみて，一般的な市場性，すなわち交換価値があるとは思われません。

借地契約の終了により土地を地主に返還するときは，立退料等の授受は一切ないこと，土地を無償で返還すること，言い換えれば借地権価格をゼロ状態にしておくことを当事者がその契約書で明らかにする証拠として，地主と借地人との連名による「土地の無償返還に関する届出書」を遅滞なく地主の所轄税務署に提出します。

そこで，このような「土地の無償返還の届出」がある場合の借地権価格はないものとして取り扱う（ゼロ評価）ことになっています。

この点は，同じく借地人の権利に交換価値がないと認められる土地の使用貸

27 「土地の無償返還の届出」がある借地権価格はゼロである

借の場合にも同様です。

なお、借地権に価格が生じるためには、借地権に効用（借地権を有すること、あるいは借地権を利用することによる経済的利益）が認められなければなりません。借地権に効用が発生しているとは、次のことをいいます。

① 借地権の法的側面からみると、借地借家法（廃止前の旧借地法を含みます）によって最低存続期間が保証され、契約期間が経過しても地主に更新拒絶のための正当事由がない限り借地契約は更新され、第三者への譲渡可能性があること。

　すなわち、「土地の無償返還の届出書」が提出された時点で、借地借家法の法的保護は与えられていません。

② 契約期間内において建物の建替えの可能性も有し、建物の買取り請求を有する等、権利金を支払うことにより借地人の寄与貢献に起因する利益があること。

　すなわち、権利金が支払われていないため、契約期間内での建物の建替えの可能性や無償で返還するため、建物の買取り請求の可能性は低い。

③ 借地権の経済的利益に着目した市場参加者が多数現われ（有効需要）、市場において借地権の売買が一般化し慣行化していること。

　すなわち、当事者以外の市場参加者はほとんどなく、有効需要もなく、無償返還のケースでは、借地権の売買は皆無に近い。

以上のことから、「土地の無償返還の届出」がある場合は、借地権価格はゼロとなります。

28 借地権付分譲マンションの底地評価に鑑定評価が採用された裁決例

Q 私の父は借地権付分譲マンションの底地を所有しています。この度，相続が発生し，路線価方式によると評価額が多額になりますので，鑑定評価をとりたいと思っています。私の事案のような裁決例がありましたら，ご紹介ください。

A 借地権付分譲マンションの敷地として貸している底地価格の評価で，収益還元法を重視した鑑定評価が採用された裁決例があります。

【借地権付分譲マンションの底地の評価において，路線価方式によらないで不動産鑑定評価書が採用された事例——請求人が相続により取得した借地権付分譲マンションの敷地として貸し付けている土地の評価は，特別の事情があり路線価に基づく評価が不適当であるとして課税庁の処分を取り消した事例】（平成4年1月9日相続開始に係る相続税の更正処分及び過少申告加算税の賦課決定処分・全部取消し）
（国税不服審判所平成9年12月11日裁決・TAINSコード F0-3-001）

　請求人は，相続により取得した借地権付分譲マンションの敷地として貸し付けている土地の評価を，①賃借権設定の際一時金の授受もなく，将来的にも一時金を授受する約定がないこと，②完全所有権への復帰も考えにくい状況にあることなど，特別の事情があり，評価通達に基づく相続税評価額に比較して，著しく低い価額でしか譲渡できないことが予想されるとし，収益還元法を重視した鑑定評価額2億円で評価すべきであると主張した。

　これに対し，課税庁は路線価を基に評価通達の定めを適用して，本件土地を7億2,494万4,665円として更正処分をした。

　しかし，以下の理由から，本件土地の価額は2億円を下回るので本件更正処分は取り消すべきである。

理由1. 借地権割合を乗じて求める方法は，借地権の取引慣行が成熟している地域では，底地価額に単なる地代徴収権の価額にとどまらず，将来借地権を併合して完全所有権とする潜在価値が著しく低い場合や，契約更新時

28 借地権付分譲マンションの底地評価に鑑定評価が採用された裁決例

等一時金取得の可能性が低い場合は，借地権価額控除方式によらない，相続税法 22 条の時価を算定するための他の合理的な方式によることが相当と解される。

2. 底地価額は地代徴収権に相応する価格を中心に将来期待される更新料・条件承諾料等の一時金および借地権を一体化することによる増分価値の期待性を加味した価格である。
3. 上記のように底地価額は，単に地代徴収権に着目して価格形成されるのではなく，将来借地権を併合して完全所有権とする潜在価値に着目して価格形成される。
4. 通達は法規たる性質を有さず，相続財産である土地の価額が路線価等を下回ることが証明された場合には，評価基本通達又は路線価等を適用しなくともよい。
5. 課税庁が採用した売買実例は同族関係者間の取引であり，比準価額とすることには疑問がある。
6. 本件宅地には多数の借地権者が存在し，完全な土地所有権となる可能性は著しく低く，将来における名義書換料等の一時金の取得も期待できないなどの特別の事情があるから，更地価額から借地権価額を控除する方法（いわゆる割合方式）のみによる評価は相当ではない。
7. 取引事例比較法による検証を試みたが，第三者間における底地の取引事例を確認することができないので，独自に鑑定評価を依頼したところ，割合方式による価格と収益還元方式による価格を基に，6,000 万円と評価した鑑定結果が得られ，この鑑定評価額は相当と認められる。

評価通達は，底地価額を求める場合，借地権控除方式を採用している根拠として底地価額は単なる地代徴収権の価額にとどまらず，むしろ将来借地権と併合して完全所有権とする潜在価値に着目して価格が形成されるのが一般的であるとしています。

評価通達の併合を前提として価格が形成されているというところに問題があると言わざるをえません。

相続発生時に客観的な交換価値を求めることが重要であり，将来，潜在価値が顕在化する場合もあるし，顕在化しない場合もあります。

鑑定評価においては，価格時点（相続発生時）の時価を求める場合，現況評価を基本にします。

　借地人に資力があって底地が買える場合はよいでしょうが，資力がない場合は評価は全く異なります。

　条件設定の実現性が高い場合は認められますが，実現性が低い場合は認められません。

　将来の不確実な要素を入れることは条件成就ができる場合は限定価格となり，［更地価格－（借地権価格＋底地価格）］の増分価値を借地人と底地人の貢献度に応じて配分することになります。

　時価とは，「不特定多数の当事者間において自由な取引が行われる場合に通常成立すると認められる価額」であり，借地人が底地を，底地人が借地権を購入する場合だけでなく，全くの第三者が買い受ける場合も含まれると解すべきです。その意味で，相続時点の時価評価は併合の可能性そのものとは関係ありません。

　将来のことは誰にもわかりません。［借地権＋底地権＝100％］にならないためには，差引計算そのものが評価上問題です。

29 親子間の土地の賃貸借で借地権が認められた裁判例

Q 土地は被相続人の父名義で，建物は長男である私名義です。権利金は支払っていません。父名義の土地は借地権として申告しようと思いますが，なにかよいアドバイスはありますか？ 親子間で借地権を認めた裁判例がありましたら，ご紹介ください。

借地権が存在していないという課税庁側の証明が十分でないとして，借地権を認めた裁判例があります。

【親子間の賃貸借に借地権があるとした事例】（東京地方裁判所平成3年7月6日判決）
・地代：96,400円／月（坪当たり800円／月）
・建物：相続人（子）A名義
・土地：被相続人（父）名義

〈原告の主張〉
　土地は建物所有の借地権である。
〈課税庁の主張〉
　① 当初申告では，自用地評価していた。
　② 地主に対する権利金の支払いがない。
　③ 地代計算書はメモ書きにすぎない。

　親が土地を所有している場合に，その土地を借り受けた子が支払う地代収入が親の生活費に充てられているため，実質的にみてその地代の支払が生活費の支払の性質を持つとみられる場合に，そのことから直ちに当該土地についての賃貸借契約関係の成立が否定されることとなるものではないことはいうまでもないところであるから，このような事実の存在も，いまだ本件賃貸借契約の成立を否定する根拠としては不十分といわなければならない。

　さらに被告は，Aが本件土地の使用を開始した時点で被相続人に対していわゆる権利金を支払っていないことから，本件賃貸借契約の成立が認められないと

も主張している。
　しかし，法的に見る限りは，そもそも権利金の支払が賃貸借契約の成立要件とされるものではないことは明らかであり，また，Aが被相続人と親子の関係であったことからすれば，本件賃貸借契約についてAが被相続人に対して権利金を支払っていないことも，ことさら異とするには足りないものと考えられる。
　しかしながら，《証拠略》によれば，Aが本件土地上に賃借権が存在しないことを前提とする遺産分割案を提出し，これによって相続人間で分割協議が成立するに至ったのは，Aあるいは各相続人に対し，○○税理士から，本件相続の相続税申告に関して本件土地上に賃借権が存在することを前提とした取扱いはできないとの説明が行われ，各相続人がその説明内容に従うことになったことがうかがえるのであって，このような事情からすれば，上記の事実が存在するから直ちに，本件賃貸借契約の成立が否定されることにも，疑問があるものというべきである。
　そもそも，<u>本件土地上に賃借権が存在しないことを前提として被告がした本件再更正の適否が争われている本件訴訟においては，本件土地がその上に賃借権の負担の存在しないものである点については，課税庁たる被告に立証責任があることはいうまでもないところである。</u>
　<u>そうすると，一面では，被告も指摘するとおり，本件土地上に賃借権が存在していたとすることにも種々の疑問点があることは否定できないにしても，他方，上記において認定したような事実関係に加えて，被告自身が原告らからの更正請求に対していったんは本件土地上にAのための賃借権が存在していることを認める内容の更正を行っていることをも考え合わせると，本件相続開始時の時点で本件土地上にAのための賃借権が存在しなかったとすることにも，なお疑問の余地があるものとせざるを得ない。結局，借地権が存在していないとの点については，なおその証明が十分でないものというべきである。</u>（下線・筆者）

この判決では，
① 課税庁は権利金の授受がないとしていますが，裁判所は親子間であっても権利金を支払っているかどうかではなく，賃料の額によって借地権の有無を判断しています。
② 裁判所は，借地権が存在しないという立証責任は課税庁側にあるとして，借地権が存在しないという点についての証明が十分ではないとして課税庁

の請求を退けています。

☞ 親子間の賃貸借は，相当の地代があるか，権利金の授受がある場合以外は，借地権が認められるケースはほとんどなく，使用貸借がなされている場合が多い。

コラム＊3

調査官はタンス預金も徹底的に調べる

　平成20年7月13日付の朝日新聞に，「故・平山郁夫氏の妻，2億円の遺産隠し，東京国税局指摘」というセンセーショナルな見出し付きの記事が載りました。故・平山郁夫氏の妻が東京国税局の税務調査を受け，相続税財産のうち現金約2億円を申告しなかったとして，重加算税を含む追徴税額1億5,000万円を修正申告し納付したという記事でした。

　税務調査で自宅の洋服タンスにあった袋などに約2億円の現金が見つかり，申告から除外していたとして，国税当局は仮装隠ぺいによる遺産隠しと判断したそうです。妻は朝日新聞の取材に，「以前に税理士から，そのお金は生活費に回してくださいと言われたので申告しなかった」と話したそうです。

　国税当局は，平山氏のように国際的な文化財の保存活動に尽力し，文化勲章を受章した人であっても調査を行います。

　税理士から，「そのお金は生活費に回してください」と言われたそうですが，これが事実であったら大変なことになります。というのは，もし本当にそのように言ったのであれば，税理士が脱税や仮装隠ぺいに加担したことになり，場合によっては税理士法により処分されるからです。ただし，仮装隠ぺいの場合の重加算税が大きいため，税理士自らが加担するケースはほとんどないといってよいでしょう。このように，タンス預金についても調査官は徹底的に調べます。

　筆者の経験からいいますと，現金・預金や通帳等の管理はいつもは誰がしているのかとしつこく質問され，その保管場所を詳しく調査されます。

30 貸宅地は生前に整理しておくこと

Q 以前，私の祖父は貸宅地を多く所有しており，相続のとき，売ろうとしても売れない土地なのに，また安い地代にもかかわらず，高い相続税評価で，高額の相続税を払いました。将来の相続に備えて，何かよい方法はないでしょうか？

A 相続が発生する前に，借地人に底地を売却して，事業用資産の買換え，借地と底地の交換等の税務上の特例を使い，生前に貸宅地を整理することをお勧めします。また，相続の発生後に評価額が時価を上回る場合は，鑑定評価を使って申告するケースもあります。

底地は，借地権の目的となっている宅地の売買実例価格，精通者意見価格，地代の額を基に評価した価額に対する割合（貸宅地割合）が概ね同一と認められる地域ごとに，その宅地の自用地としての価額にその貸宅地割合を乗じて評価します。

$$\boxed{自用地価額} \times \boxed{(1-借地権割合)} = \boxed{底地の評価額}$$

たとえば，自用地価額が1億円で，借地権割合が60％の場合の底地の評価額は，次のように計算できます。

$$100,000,000 円 \times (1-60％) = 40,000,000 円$$

現状では，上記のように，自用地価額から借地権価額を差し引いて底地の評価をしていますが，筆者としては，あまりにも乱暴な評価方法であると言わざるをえません。そこで，国税庁は，平成17年に，底地の評価が実態にそぐわない面があるとして，ただし書をつけて貸宅地割合を設け，例外として次のように評価することも認めました。

$$\boxed{自用地評価額} \times \boxed{貸宅地割合} = \boxed{貸宅地の評価額}$$

しかし，この評価は「国税局長が貸宅地割合を定めている地域」に限るとされており，そのような地域は僅かしかないのが実情です。

30 貸宅地は生前に整理しておくこと

そこで，生前対策としては，次のような方法が考えられます。
① 底地を売却して収益性の高い事業用資産へ買い換える。
② 借地権と底地を交換して完全所有権にする。
③ 相続の発生後に借地人に底地の購入を依頼しても足元を見られるため，相続前に借地権を購入して，相続税の納税資金に充てる。

☞ 相続税の申告は死亡日から10か月以内に行わなければならないため，貸宅地のように売却が難しい土地を多数保有していると，申告期限までに資金調達が出来ず，納税が困難になるケースが多いため，生前に整理しておくことが重要です。

コラム＊4

過度の相続税対策は禁物

相続人は，相続が発生してから10か月以内に，申告納税猶予や遺産分割等の手続きを完了しなければなりません。

筆者が申告した相続人の中にも，これらの諸手続きが過度の負担となり，ストレスで病気になられた人もいました。自分が死んだ後の財産の分配や相続税等を心配して筆者の所に相談にみえる方もいらっしゃいます。

多くの方は配偶者や子供達の心配をされますが，なかには相続税は自分が死んだ後のことであるのでおもしろくないと話す人もいます。

多くの資産をお持ちの方は，生前に自分の財産をきちんと把握しておき，どうすれば相続税額を少なくできるかを税理士等の専門家に相談するようお勧めします。

「相続税をゼロにする方法」という類の本を多く見かけますが，筆者の経験からいいますと，過大な借入金等による相続税対策は後々大変なことになるためお勧めしないことにしています。相続人の中には，あまりにも過度の相続税対策をしたために，自己破産や夜逃げをしたケースもあります。

31 貸宅地の評価で，課税庁側の鑑定評価が妥当とされた裁決例

Q 貸宅地の評価で，評価通達によらず，鑑定評価の収益還元法による価格が妥当であるとされた裁決例がありましたら紹介してください。

A 貸宅地の評価について，納税者側と課税庁側の双方から鑑定評価書が提出され，底地割合方式ではなく，課税庁側の収益還元法による鑑定評価が採用された裁決例があります。

【権利関係が錯綜した宅地の評価について，評価通達によらず，課税庁側の鑑定評価額によることが合理的であるとされた事例】（平成11年分相続税・平成17年7月7日裁決）

〈評価通達に基づき評価することが著しく不適当と認められる場合〉

　公平な税負担と効率的な租税行政の実現の観点に照らして合理性を有するものと認められるところ，評価通達に基づく評価方法は一律の方法で行うものであるから，評価通達に基づき算定された評価額が，客観的交換価値と一致しない場合がないとはいえない。

　したがって，評価通達に基づき算定された土地等の評価額が，客観的交換価値を上回るなど，評価通達に基づき評価することが著しく不適当と認められる特別な事情がある場合には，評価通達に基づく評価方法によらず，その他の合理的な評価方法により評価することができると解される。

　そして，特殊な用途に供することを目的とするA用地は，居住を目的とする一般住宅用地とは不動産の種別が異なるといえるから，A用地の価格が年間地代に一定の倍率を乗じた金額を基に形成されるとしても，一般住宅用地の底地の価格が，同様に形成されるとまで認めることはできない。

　そして，鑑定評価基準の各論において，底地の鑑定評価額は実際支払賃料に基づく純収益を還元して得た収益価格及び比準価格を関連づけて決定する旨定められていることからすると，一般住宅用地の底地の第三者間の売買における価格は，

31 貸宅地の評価で，課税庁側の鑑定評価が妥当とされた裁決例

A用地とは異なり，地代徴収権のみに着目して決定されるものではないと認められる。

そうすると，一般住宅用地の底地価格について，A用地の年間地代とその取引倍率との比較のみによって減価することは相当なものとはいえない。

〈課税庁の鑑定〉

① 更地であるとした場合の価格

別表3-6「2 課税庁鑑定における更地価格算定の概要」（略）のとおり，取引事例4事例の取引価格に，それぞれ事情補正，時点修正，標準化補正及び地域格差に基づく補正を行って得た比準価格101,000円/㎡，土地残余法により求めた収益価格52,100円/㎡及び規準価格95,600円/㎡を比較検討して，標準価格を101,000円/㎡と求め，これに個別的格差（宅地部分79/100，宅地部分68/100，道路部分10/100）を乗じて得た価格に地積を乗じ，更地価格を90,700,000円と算定している。

また，標準価格は規準価格と均衡を得ており，また，個別的格差の算定においても特に不相当とするところは認められない。

② 底地価格の決定

別表3-6「3 底地価格算定の概要」（略）の「課税庁の鑑定」欄のとおり，年間地代を補正して得た年間支払賃料248,820円を基に算定した純賃料を還元利回り3.5％で還元して算定した地代徴収権の価値2,520,000円と，更地価格を割引率6.0％で割り引いて算定した更地の復帰価値21,100,000円の合計額23,600,000円（18,941円/㎡）を底地価格としている。

(イ) 支払地代

課税庁鑑定は，現行地代は周辺地域の賃貸事例と比較，勘案しても，著しく低廉で，そのまま採用するのは不合理であり，第三者売買ではこれを機会に地代の増額請求をするのが一般的であるとして，地代を補正（1.2倍）しているところ，鑑定評価基準の各論では，底地の鑑定評価においては，将来における賃料の改定の実現性とその程度等の事項を総合的に勘案するものとされ，また，物件6に係る地代が坪当たり550円から600円に上昇している事実があることからすれば，課税庁鑑定が鑑定評価基準に従い，将来の賃料の改定の実現性があると判断し，周辺の賃貸事例を参考に地代を修正したことは相当と認められる。

(ロ) 還元利回りと割引率

　　課税庁鑑定では，還元利回りを3.5%，割引率を6.0%と決定しているが，これらは社団法人日本不動産鑑定協会による地価公示及び県地価調査に係る研究成果で鑑定評価一般に用いられている基本利率5.0%を基に，底地の収益性や更地に復帰することの不確実性等を考慮の上，それぞれ算定されたものであり，相当なものと認められる。

(ハ) 以上から，課税庁鑑定は，請求人ら鑑定に比べ合理性が認められる。

　この裁決例では，自用地価額から借地権価額を控除するという差引計算ではなく，地代徴収権を基に鑑定評価をした鑑定書が採用されています。

　この裁決例は例外措置としてとらえていますが，鑑定評価の底地価額の評価からして当然の結論であるといえます。

32 空室が多いほど貸アパートの評価額が高くなる!?

Q 私は貸アパートのオーナーですが,最近,近隣に相続税対策のアパートがいくつか新築されたため,私のアパートは空室が目立つようになりました。評価通達では,空室は自用地として評価される場合があると聞きました。アパートは収益価格が高い(家賃収入が多い)ほど高く売却できますから,空室が多ければ(家賃収入が少なければ),相続時には低くなるのが普通ではないでしょうか?

A 空室があると借家権価額がないため,貸家建付地は自用地として評価され,価額は高くなります。収益価格とは逆です。

家賃収入を得るために建築されたアパートに入居者がいないことは,収益価格の観点からは評価減となります。

空室があるからといって相続税評価額が高くなることは論理的に矛盾しており,鑑定評価の方が合理性があるといえます。

評価通達では,貸家建付地の価額は次のように求めます。

$$\boxed{自用地価額} \times \{1 - \boxed{借地権割合} \times \boxed{借家権割合}\} = \boxed{評価額}$$

たとえば,自用地価額1億6,000万円,借地権割合60%,借家権割合30%,賃貸借割合100%とした場合は,次のように計算します。

(自用地価額) (借地権割合) (借家権割合) (賃貸借割合) (評価額)
160,000,000円 × (1 − 60% × 30% × 100%) = 131,200,000円

貸家建付地の評価の問題点は,次のとおりです。

まず,第一に,評価通達は,自用地が最有効使用で,貸家建付地は権利関係(借家権)によって制約されているため,その制約を考慮して減価するという考え方です。

通常，駐車場よりもアパートの方がより収益が得られるであろうと考え，アパートを建築するという意思決定がなされます。したがって，アパートの時価は，どれ位の家賃収入等があって，固定資産税等の経費がどれ位かかるのかを考慮し，そのアパートが生み出す収益力によって決定すべきです。

　相続税の節税対策として，昨今，ハウスメーカー等の相続税セミナーが各地で盛んに開かれています。自用地を貸家建付地にして評価を下げ，かつ借入金により資産のマイナス効果が働き，節税に大きく貢献することが，その理由です。

　地価が上昇していたときは，借入金によって相続税をゼロにする方法をとった地主さんが数多くいました。しかし，バブルがはじけた後は不動産の価値が半減してしまい，自己破産をした地主さんの例を筆者は数多く見てきました。

　税務当局も以前は，相続開始前３年以内に取得した物件は取得価額で評価し，行きすぎた相続税対策を防止する措置をとっていたこともありました。

　収益価格を重視してアパートを建築していたら，損失は少なかったものと思われます。貸家建付地の時価は，あくまでも収益価格です。

　第二に，貸家建付地は借家権の目的となっている家屋に供されている敷地に限られるため，課税時に空室である場合は，借家権という権利がないため，貸家建付地として減価を考慮する必要があるとしています。

　しかし，貸家建付地は本来賃貸を目的としているため，貸主にとっては空室が生じていることが大きなダメージとなります。

　貸事務所ビルをつくったものの，３分の１ほどが空室になって，借入金が返済できなくなり，競売に供され，土地と建物の建築費の半分以下でしか売却できなかったケースもあります。

　空室があると貸家建付地の価額が自用地として評価されるため，相続税評価額は上昇しますが，不動産の価額は下落するのではないかと思われます。

　不動産会社がオーナーチェンジをして売り出した物件は，大概，想定満室時の賃料および現在の賃料が表示されており，あまりにも空室が多い場合は価額を大幅に下げざるをえません。

33 貸家建付地内にある貸駐車場の問題

Q 私所有のアパートと同じ敷地内にある貸駐車場は，アパートの入居者だけではなく，近隣の住民も共同で使用しています。税理士からは，相続税対策として，アパートの居住者用と近隣の住民用に駐車場を明確に区分した方が良いとアドバイスをされましたが，その方が相続税額は減少するのでしょうか？

A 貸アパートと同じ敷地内にある駐車場を貸アパートの入居者と近隣の住民が一緒に使っている場合は，どこまでが貸家建付地であり，どこまでが駐車場としての自用地なのか，その区割りによっては，貸家建付地の評価額の問題が生じてくることがあります。

税務当局との見解の相違を生じさせないためには，相続発生前にアパート入居者用の駐車場と，近隣の住民用の駐車場を区別しておくのが相続対策上は有効です。

アパート入居者用のみの駐車場の場合は，敷地全体を貸家建付地として減価することができます。

しかも，広大地通達の要件を充たしている場合は広大地評価の適用があります。

34 評価通達では収益価格は考慮されない

Q 不動産鑑定評価基準では，貸家建付地の評価にあたっては収益価格を最も重視すると聞いています。収益価格を考慮しない評価通達の考え方は正しくないのではないでしょうか？

　相続税評価の簡便性と大量処理のために，評価通達では収益性はほとんど考慮されていません。

なお，収益価格を試算する収益還元法は，将来期待される純収益をどのように求めるか，また還元利回りをどのように求めるかが難しく，今後の検討課題といえます。

不動産鑑定評価基準では，「貸家及びその敷地」の評価について次のように規定しています。

Ⅱ　貸家及びその敷地

貸家及びその敷地の鑑定評価額は，実際実質賃料（売主が既に受領した一時金のうち売買等に当たって買主に承継されない部分がある場合には，当該部分の運用益及び償却額を含まないものとする。）に基づく純収益等の現在価値の総和を求めることにより得た収益価格を標準とし，積算価格及び比準価格を比較考量して決定するものとする。この場合において，次に掲げる事項を総合的に勘案するものとする。

1. 将来における賃料の改定の実現性とその程度
2. 契約に当たって授受された一時金の額及びこれに関する契約条件
3. 将来見込まれる一時金の額及びこれに関する契約条件
4. 契約締結の経緯，経過した借家期間及び残存期間並びに建物の残存耐用年数
5. 貸家及びその敷地の取引慣行並びに取引利回り
6. 借家の目的，契約の形式，登記の有無，転借か否かの別及び定期建物賃貸借（借地借家法第38条に規定する定期建物賃貸借をいう。）か否かの別

7. 借家権価格

なお，筆者の経験では，繁華な商業地では，積算価格よりも収益価格のほうが圧倒的に高いケースが多いといえます。

☞ 今後，評価通達も積極的に収益価格を考慮すべきものと考えます。収益物件に関して，市場価格は収益性を考慮して決定され，土地・建物がいくらという費用性で価格は決定されておらず，収益性が極めて重要な位置を占めています。

35 貸家建付地の収益性

貸家建付地の収益性について争われた裁判例がありましたら，ご紹介ください。

収益還元法の難点は次の2つです。
① 将来期待される純収益をどのように求めるか。
② 還元利回りをどのように求めるか。

不動産の所有者が最も重視するのは，その不動産の将来収益の動向ですが，収益の将来予測は人によって異なるため，相続時の評価額を画一的に決定することは困難です。収益用不動産の還元利回りをたとえば5％にするか6％にするかによって，評価額は大きく異なります。公益社団法人日本不動産鑑定士協会は，収益用不動産の利回りを県別・用途別・築年別に調査しています。鑑定評価においては，貸家建付地の評価は積算価格よりも収益価格を重視することが求められています。

収益還元法については，前述のように，将来期待される純収益をどのように求めるか，また，還元率をどのように求めるかという難点はありますが，収益還元法を土地評価として採用することは不相当とはいえないとした次の裁判例があります（福島地方裁判所平成10年9月28日判決）。

> 収益還元法による評価をするには，対象不動産が将来生み出すと期待される純収益を算定するために予測される諸要素を的確に把握すること及び収益還元率を正しく定めることが不可欠の要件であるが，これらには①土地の価額に見合う収益の算定が困難であること，②経営者の能力，財産の状態により収益の額が左右されること，③還元利回りの算定が困難なこと等の問題があると認められ，これらの問題によれば，収益還元法を本件土地の評価基準として採用していないことをもって不相当とまでは認められない。

保守的に見るという見地から，貸家建付地の評価額が収益価額よりも著しく低い場合は，時価とは客観的な交換価値であることから，上記の判例のいうよ

うに，その算定に著しい困難性や不合理性がない限り斟酌することが妥当でしょう。更正の請求が5年に延長されたため，税務上否認された場合には延滞利息等の大きなリスクがありますが，国税不服審判所や裁判等で争っていけば多くの判例が蓄積されて，不動産鑑定士が活躍する場が出てくるのではないかと思います。

> **コラム＊5**
>
> ## 還元利回りの精度を上げていかないと，裁判官を説得できない！
>
> 収益価格を求めるには，一期間の純収益を還元利回りによって還元する方法（直接還元法）と，連続する複数の期間に発生する純収益および復帰価格を，その発生時期に応じて現在価値に割り引き，それぞれを合計するDiscounted Cash Flow法（DCF法）があります。直接還元法の式は，次のとおりです。
>
> $$P = \frac{a}{R} \quad \begin{pmatrix} P：求める不動産収益価格 \\ a：一期間の純収益 \\ R：還元利回り \end{pmatrix}$$
>
> 鑑定評価においては，収益性に着目して市場で取引される物件に対して収益を標準とし，積算価格や比準価格を比較考量すべきとされています。ただし，裁判では，還元利回りの精度に対する疑問がしばしば投げかけられています。
>
> 一方，固定資産課税の実務では，固定資産評価基準による評価以外に「特別な事情」があるか否かで判断されています。「特別な事情」とは，再建築費等を適切に算定することができない場合をいいますが，実際には，ほとんどのケースが「特別な事情」に該当しないことになります。
>
> 税務訴訟で勝訴するには，再建築費等から補正した価格が客観的な交換価値を上回り，かつ裁判官を説得できる鑑定評価書を作成しなければなりません。
>
> 収益価格の査定で還元利回りの精度を上げていかないと，収益価格が固定資産登録価格を下回っているのみでは，裁判官を説得することはできないでしょう。

36 相続税法22条の時価と比準価格，収益価格

Q 相続税法22条の時価について，収益価格のみでなく比準価格も採用している裁判例がありましたら，ご紹介ください。

A 取引事例比較法による比準価格は無視できないとし，収益還元法による収益価格を単純平均することが妥当と結論づけている東京地方裁判所平成15年2月26日判決があります。

この判決は，結論としては，取引事例比較法による比準価格と収益還元法による収益価格を単純平均して求めるのが妥当としましたが，比準価格ないし取引事例のみによって土地価格を判定していた流れの中で画期的な裁判例といえます。このような裁判例が多く出ることは好ましいことであり，不動産鑑定士の役割はますます重要なものとなってくるでしょう。

重要な判決ですので，次にその内容を紹介します。

〈事例の概要〉
① 土地・建物は賃貸に供されている。
② 路線価による価額：3億6,361万7,100円
③ 取引事例比較法による比準価格：3億50万円（270万円/㎡）
④ 収益還元法による価額：192万8,000円/㎡
⑤ 収益価格については，賃料収入や下限利回り等を推定せざるをえず規範性に欠けるため，比準価格とほぼ同額の262万円/㎡を想定単価とした。

〈判決要旨〉
相続財産である土地の相続税法第22条にいう「時価」とは，客観的な交換価値を意味するところ，バブル経済の崩壊により土地価額が激変している地域にある土地の更地価格は，取引事例比較法による比準価格と収益還元法による収益価格を単純平均して求めるのが相当である。
(1) 以上のような算定方法に対し，原告らは，収益還元法による収益価格が不当に軽視されている旨主張する。

36 相続税法22条の時価と比準価格, 収益価格

　そこで検討するに，前記のとおり，相続税法22条にいう「時価」とは，客観的な交換価値を意味するところ，土地の客観的交換価値は，土地が本来的にはその利用を通して収益を得るものであることから，一般に当該土地の収益性を反映して形成されるものと解されている。したがって，土地の客観的な交換価値を算定する際には，当該土地によりどの程度の収益が得られるかを考慮することは意義のあるものであり，土地の収益性に着目してその価値を算定する収益還元法は，その算定に著しい困難性や不合理性がない限りにおいて，できる限り斟酌されるのが相当であるというべきである。とりわけ，対象土地が賃貸用土地又は一般企業用土地である場合には，その市場価額は，当該土地の利用による収益を一層重視して形成されるものということができるから，このような土地の交換価値の評価に際しては，収益還元法は，一層の有用性を有するものということができる。実際に，平成2年10月に定められた不動産鑑定評価基準では，［鑑定評価方式］で価額を求める鑑定評価の手法の項に，収益還元法は，「学校，公園等公共又は公益の目的に供されている不動産以外のものにすべて適用すべきものであり，自用の住宅地といえども賃貸を想定することにより適用されるものである。」と記載されているし，上記不動産鑑定評価基準の運用に当たり，実務上留意すべき事項を定めた平成3年2月6日付けを引用し，「不動産鑑定評価基準の運用に当たって実務上留意すべき事項等について」では，「収益還元法の重視」という項目を設け，「収益還元法においては（中略）公共の目的に供されている不動産以外のものにはすべて適用すべきものであり（中略）適切な収益事例が存在しない場合等やむを得ない場合を除き，この手法を必ず適用することとされたい。」と記載されている。さらに，平成14年7月3日に全面改正された不動産鑑定評価基準には，収益性を重視した鑑定評価を充実させるために，直接還元法に加え，DCF法が導入されるに至っている。このように，収益還元法は，土地の客観的交換価値を的確に把握する手法として，実務上もその有用性が見直されつつあるということができるのである。

(2)　被告は，土地の価額がその収益性に着目して形成されることからすれば，収益還元法による価額と実際の取引価額は，理論上は一致するはずである旨を主張する。

　しかし，取引事例比較法において算定の根拠に用いられる現実の取引事例は，

不動産市場の特性や，売手及び買手双方の能力・価値観の多様性，動機の違い等により，それぞれに個別的な事情を包含するのが通常であるから，事情補正を施したとしても，それによる算定には自ずと限界があるものであり，この点は取引事例比較法を用いる際の注意として一般に指摘されているところである。その上，売手と買手との間に取引以前からの人的関係等の特殊な利害関係が存する場合には，その間の取引価額はもはや正常な取引価額とはいえないものとなることから，本来，取引事例として用いることもできないのであるが，現実の取引にこのような要素が含まれているといえるか否かについては外形上明らかでないことも多いため，そのような不適切な取引を取引事例として採用することもある程度は避けられないといわざるを得ない。このようなことからすると，<u>比準価額と収益価額は，現実の取引を基に算定する限り，一致するものということはできないのであって，かえって，このような状況を想定すれば，収益還元法による試算価額に一層の意義を認める必要があるということができる。</u>

(3) しかも，本件相続の生じた平成6年6月頃は，バブル経済の崩壊を受けて日本経済に混乱が生じていた時期でもある。バブル経済期には土地が投機の対象となったため，土地の客観的交換価値は，その転売利益に着目して形成されていたところ，その崩壊後においては，一部の土地の地価が短期間に急激に下落する等，地価の変動は予測困難となり，かつ，日々刻々と変化する状況が続いていたから，取引事例を適切に考慮し，事情補正等を的確に行うことは非常に困難な状況にあったというべきである。特に本件N町の土地付近では，前記のように公示価格が1年間に33％余りも下落する等，土地価格が激変していたのであるから，この時期に行われた取引には，市場は激しい変動を反映して不正な要素が多く混入していることが容易に想定できるところである。他方，同時期以降には，土地価格の上昇が期待できない中で，<u>収益性を重視して価格形成がされる不動産が増加しているとの指摘もされているところであるから，本件相続の生じた平成6年6月頃における土地の客観的交換価値の算定においては，取引事例との比較のみでは適切な算定がされにくく，その収益性に着目した算定が一層の有用性を持つに至ったということができる。</u>また，被告は，収益還元法による評価をするには，経営者の能力，財産の状況により収益の額が左右されること，還元利回りの算定が困難であること等の問題点を指摘する

36 相続税法22条の時価と比準価格, 収益価格

ようであるが, これらに類似する指摘は, 前記のとおり, 取引事例比較法においてもされているところである。これらの点は, 収益還元法の有用性そのものに対する批判としては適切ではなく, 個々の算定過程の合理性及び算定結果の比重の置き方について斟酌すべき問題にとどまるというべきである。

(4) 以上によれば, 本件N町の土地の価格算定に際しては, 取引事例比較法による比準価格は無視できないものの, これが収益還元法による収益価格を上回る規範性を有しているとは認め難く, 双方を同等に用いるべきものと考えられる。そして規準価格については, 評価に直接反映させるべきでないことについて当事者間に争いがない上, 前記のように公示価格が激しく変動している状況からすると, これを基準として用いることは相当でないというべきである。そうすると, 本件N町の土地についての更地価格は, 適切に算定された比準価格, 収益価格を単純平均して求めるのが相当である。(下線・筆者)

　この判決は, 不動産鑑定評価基準の収益還元法の有用性が取り上げられた画期的な裁判例です。

　筆者は, 評価通達では収益性の価格があまりにも軽視されすぎていると思います。

　最近では収益の把握の仕方や還元利回りの精度もかなり向上しており, 上記の判決は比準価格と収益価格を単純平均していますが, 本来は収益価格を標準とすべきでしょう。

37 収益価格を全く無視して，借家権という権利のみに固執し，納税者の主張を排除した驚くべき最高裁判所の判決

Q 貸家建付地の評価では，借地権割合や借家権割合は大きな意味を持たないのではないかと思いますが，権利関係に固執した最高裁判所の判決があると聞きました。その判決の内容をご紹介ください。

A この最高裁判所の判決は，相続開始時に21戸のうち4戸のみが賃貸されており，残りの17戸は空室であるにもかかわらず，17戸は自用地の評価を行い，貸家建付地は4戸のみであるとした裁判例です。

この判決では，借家権はあくまでも権利の制約であり，アパート等の貸家建付地の価格は満室入居時に一番収益が高く，処分性は高くなる，極端に言えば，アパートを建築して入居者がゼロの場合が相続申告時に一番高い価格になるという不合理な結果となり，一般人の感覚とはかけ離れた結論となっています。

これも重要な判決ですので詳しくご紹介しましょう。

当事者間の東京高等裁判所平成7年(行コ)第104号相続税更正処分等取消請求事件について，同裁判所が平成8年4月18日に言い渡した判決に対し，上告人から上告があった。よって，当裁判所は次のとおり判決する。

〈主文〉

本件上告を棄却する。

上告費用は上告人の負担とする。

〈上告理由について〉

原審の適法に確定した事実関係の下においては，諸論の点に関する原審の判断は，いずれも正当として是認することができ，原判決を論難するものであって，採用することができない。よって，裁判官全員一致の意見で，主文のとおり判決する。

37 収益価格を全く無視して，借家権という権利のみに固執し，納税者の主張を排除した驚くべき最高裁判所の判決

〈納税者の主張〉
　原判決は判決に影響を及ぼす法令適用の誤りがある。
(1)　原判決は，本件建物の評価について，相続時点という一時をとらえて，賃貸目的の建物21室中，4室のみが賃貸に供されていたことから，建物全部についての借家権減価を為すことを否定している。しかしながら，本件においては，建物の全部について借家権の減価を為すべきであり，これと異なる原判決は法令の適用を誤ったものというべく，誤りが判決に影響を及ぼすことは明白であるから破棄されるべきである。
(2)　本件の建物は1棟全部が賃貸目的のものとして築造されたことは明白な事実である。
　　すなわち，
　　① 　被相続人は，本件建物を貸家目的のものとして建築計画を立案し，
　　② 　本件建物の建築費用は，住宅金融公庫からの借入金を利用しており，そのため，その設計から賃貸料まで全て公庫の承認が必要とされるなど厳格に管理されており，賃貸目的以外の用に供することはできないこと，
　　③ 　被相続人は生前から，本件建物の賃借人の募集について，全て不動産業者に委託する旨の委託契約を締結して，すでに募集は開始されていたものであり，被相続人たる上告人においても，これを一方的に解約することは許されないものであること，
　　④ 　本件建物については，順次賃貸借契約を締結し，昭和63年3月には，1室を残して全て賃貸の用に供されていること，
　　⑤ 　本件建物を売買目的のものに変更するには，多額の費用と労力を必要とし，容易に為し得ないこと。
　　上記事実は全て証拠上明白であり，上記事実からすれば，本件建物が賃貸目的のものであることは疑いない。
　　本件においては，上記に述べた建物自体の持つ客観的性格に着目することが必要である。
(3)　上告人は，財産の評価については，単に相続時点という瞬時のみをとらえてこれをすべきものではなく，建物自体の持つ性格，相続前後の利用状況などの事情を総合的に判断することが正当であると思料する。
　　このことは，財産評価基本通達が，評価の原則において，「財産の評価にあたっ

ては，その財産の価額に影響を及ぼすべきすべての事情を考慮する」と定めているところにも合致するものである。

(4) 財産評価基本通達は，「家屋の評価は，原則として1棟の家屋ごとに評価する」とも定めている。そして，区分所有建物について別途に評価方法を定めている（評価通達3）のであるから，本件建物の評価は1棟全体として為されなければならない。

(5) 上告人の主張に関する原判決の判断

原判決は次の通り述べて，上告人の主張を排斥している。

相続開始時点において，本件建物のうち4室以外は借家権の目的になっていない以上，残りの17室の相続開始時点における交換価値は借家権のないものと認めざるを得ないので，これが住宅金融公庫又は不動産業者等との契約の内容および相続開始時点の後に生じた事情等により左右されるとは言えない。

(6) 原判決の判断に対する反論

原判決の判断は，（中略）の結論について，いかなる理由からこれを導いたものであるか何ら合理的説明を欠くものであり，是認することのできないものである。

(7) 評価通達の定める借家権の減価は，建物が借家権の目的となっている場合，賃貸人は一定の正当事由がない限り，賃貸借契約の更新拒絶や解約申し入れができないため，立退料等の支払をしなければ借家権を消滅させられず，また借家権が付いたままで，貸家及びその敷地を譲渡する場合にも，譲受人の建物及びその敷地の利用が制約されることからして，貸家建付地及び貸家の経済的価値がそうでない土地及び建物に比較して低下することを考慮した制度である。

(8) 上記のような借家権の減価の適用を受け得る要件は如何なる基準を以て決すべきであるかが本件の争点である。

財産評価基本通達は，「財産の評価については，その財産の価額に影響を及ぼすべき全ての事情を考慮する」と定める。

上告人が主張した事実はまさしくこれに該当する事情であり，建物の評価に当たって当然に考慮されなければならない事情である。

原判決は，相続開始時点という瞬間的な時点をとらえて，左時点に賃貸されていた4室分についてのみ借家権の減価を為すべきものとするが，これは極めて皮相的な見解と言わざるを得ない。

37 収益価格を全く無視して,借家権という権利のみに固執し,納税者の主張を排除した驚くべき最高裁判所の判決

この判決について,税理士の橋本守次氏は『ゼミナール相続税法』で次のように述べておられます。

「貸家や貸家建付地の減額の根拠を借家権という権利の存否に求めるという考え方に裁判官が固執している以上,納税者の主張が容れられる余地はない。その意味では当然の判決ということになるかも知れない。

しかし,一見理屈が通っているようで,これほど一般の感覚とかけ離れた結論の判決も珍しい。納税者の主張するように,相続開始時に貸家の用に供するものとして建てられていたマンションとその敷地は,その処分価値において,どのようにでも使用できる建物と同レベルの価額になるものだろうか。一般の常識ある人に聞けば答えはNOであろう。裁判官は,とかく権利の存否を重視する傾向があるが,それをあまりに固執するとこのような非常識な結論になってしまうのではないか。」

筆者も全く同感です。権利関係に固執するあまり,貸家建付地の本質を理解せず,借家権という権利を前面に出した判決です。不動産鑑定評価基準とも全く相容れない考え方です。

最高裁判所の判決という重みを持つとはいえ,市場価格がどのように形成されているかを全く理解していない判決であると言わざるをえません。

「借家権はあくまでも権利の制約であり,アパート等の貸家建付地の価格は満室入居が一番収益が高く,処分性も高くなる。極端に言えば,アパートを建築して入居者がゼロの場合の価格が相続申告時の一番高いという何とも不合理な結果となってしまう」という不合理な結論に基づいて申告せざるをえないことになると,駅から近い地域では入居者が比較的確実であるため良いが,立地条件が良くない地域の入居率は極端に低いため,相続税対策で建築したアパートの未入居部分が貸家建付地の減価を受けられず思わぬ評価増になってしまいます。

最高裁判所の裁判官は,評価通達を杓子定規に解釈するのではなく,特段の事情があったものと解することができないのでしょうか。非常に疑問の残る判決であり,貸家建付地についての評価通達を改正しなければならない事案である,と筆者は考えます。

社会の一般常識が裁判では非常識な結論となってしまう例といえるでしょう。

相続税法22条の時価という概念で鑑定評価書をもとに争った場合にも，このような結論になるのでしょうか。あまりにも理不尽な判決であるといわざるをえません。
　この判決を見る限り，相続税対策を行う場合，貸家の入居状況が厳しい所は避け，駅に近い入居が確実な所でないと貸家建付地の減価が受けられなくなってしまう恐れがあります。
　なお，賃貸ビルにおける空室の評価の運用基準は次のように定められています。

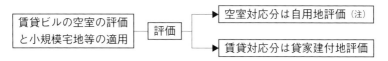

　(注)　以下の条件に該当する場合には，貸家建付地として評価することができます。
　　①　課税時期前には，継続的に賃貸されていたこと。
　　②　空室となった場合には，その申出から空室後も賃借人を募集していること。
　　③　空室の期間中には他の用途に供していないこと。
　　④　空室の期間は一時的な期間であること。
　　⑤　課税時期後に締結した賃貸借契約が一時的なものではないこと。

38 間口が狭く奥行が長い帯状地の評価

Q 私は，間口3m・奥行62mの，いわゆる帯状地といわれる土地（186㎡）を相続しましたが，不動産業者も買わないし，隣地の人も買ってくれそうもありません。税理士からは，評価額が2,600万円になると言われびっくりしました。売ろうとしても誰も買わない土地でありながら，どうしてこんなに高い評価額になるのでしょうか？

A 帯状地とは，標準画地に比べ，間口が狭小で，奥行が長大である画地をいいます。

ご質問のような，いわゆる帯状地の評価額は，評価通達に問題があるため，時価よりも高くなる場合が多いといえます。

帯状地や三角形等の不整形地，狭小地等の評価額は時価を上回るケースが多いため，鑑定評価で対応していく必要があります。

次の例で検討してみましょう。

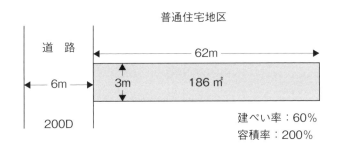

普通住宅地区
道路 6m 200D
3m 186㎡ 62m
建ぺい率：60%
容積率：200%

・間口狭小補正率：4m未満 → 0.90
・奥行価格補正率：60m～64m → 0.86
・奥行長大補正率：$\dfrac{\text{奥行距離}}{\text{間口距離}} = \dfrac{62\,\text{m}}{3\,\text{m}} \fallingdotseq 20.7 > 8$ 以上 → 0.90

〈奥行価格補正率表〉

奥行距離 (メートル)	地区区分	ビル街 地区	高度商業 地区	繁華街 地区	普通商業・ 併用住宅 地区	普通住宅 地区	中小工場 地区	大工場 地区
4未満		0.80	0.90	0.90	0.90	0.90	0.85	0.85
4以上 6未満			0.92	0.92	0.92	0.92	0.90	0.90
6 〃 8 〃		0.84	0.94	0.95	0.95	0.95	0.93	0.93
8 〃 10 〃		0.88	0.96	0.97	0.97	0.97	0.95	0.95
10 〃 12 〃		0.90	0.98	0.99	0.99	1.00	0.96	0.96
12 〃 14 〃		0.91	0.99	1.00	1.00		0.97	0.97
14 〃 16 〃		0.92	1.00				0.98	0.98
16 〃 20 〃		0.93					0.99	0.99
20 〃 24 〃		0.94					1.00	1.00
24 〃 28 〃		0.95				0.99		
28 〃 32 〃		0.96		0.98		0.98		
32 〃 36 〃		0.97		0.96	0.98	0.96		
36 〃 40 〃		0.98		0.94	0.96	0.94		
40 〃 44 〃		0.99		0.92	0.94	0.92		
44 〃 48 〃		1.00		0.90	0.92	0.91		
48 〃 52 〃			0.99	0.88	0.90	0.90		
52 〃 56 〃			0.98	0.87	0.88	0.88		
56 〃 60 〃			0.97	0.86	0.87	0.87		
60 〃 64 〃			0.96	0.85	0.86	0.86	0.99	
64 〃 68 〃			0.95	0.84	0.85	0.85	0.98	
68 〃 72 〃			0.94	0.83	0.84	0.84	0.97	
72 〃 76 〃			0.93	0.82	0.83	0.83	0.96	
76 〃 80 〃			0.92	0.81	0.82			
80 〃 84 〃			0.90	0.80	0.81	0.82	0.93	
84 〃 88 〃			0.88		0.80			
88 〃 92 〃			0.86			0.81	0.90	
92 〃 96 〃		0.99	0.84					
96 〃 100 〃		0.97	0.82					
100 〃		0.95	0.80			0.80		

補正率：0.90 × 0.86 × 0.90 ≒ 0.69
200,000 円/㎡ × 0.69 = 138,000 円/㎡
138,000 円/㎡ × 186㎡ = 25,668,000 円

　評価通達で価格を求めると，上記のように2,566万8,000円という極めて高い価格となります。

　民法234条の規定では，隣地との境界から50cm以上離さなければ建物の建築はできません。

　しかも，駐車場や資材置場としての利用も難しいとなりますと，このような土地は隣地の人に買ってもらう以外，客観的な市場価値はありません。

　間口4m未満の奥行価格補正率が0.90と，かなり高目になっていることが問題です。

　建ぺい率と民法の規定からいえば，現行の0.90の奥行価格補正率を0.80前後にしないと，このような帯状地は高い評価額が出てしまいます。

☞ 利用価値が著しく劣る土地を所有している場合は，相続が発生する前に隣地の人に処分する必要があります。売れない土地を保有しているリスクは非常に大きいと言えます。

39 奥行が極端に短い土地の評価

Q 私が父から相続した商業地にある土地は，奥行が極端に短いため，建物の建築はできず，しかも隣地にはすでにビルが立っているため買ってくれる人もいなく，駐車場として利用するしかありません。税理士からは評価額が1億円になると言われましたが，本当にその価額で申告しなければいけないのでしょうか？

 鑑定評価をすればかなり低い評価額になると思われますので，鑑定評価書を添付して申告されたらいかがでしょうか。

次図のような例で解説しましょう。

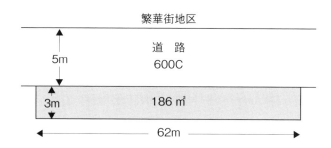

・間口狭小補正率：28 m 以上 → 1.00
・奥行価格補正率：3 m → 0.90
・奥行長大補正率：$\dfrac{\text{奥行距離}}{\text{間口距離}} = \dfrac{3\,\text{m}}{62\,\text{m}} ≒ 0.048 → 1.0$

 補正率：1.00 × 0.90 × 1.00 = <u>0.90</u>
 600,000 円/㎡ × 0.90 = 540,000 円/㎡
 540,000 円/㎡ × 186㎡ = <u>100,440,000 円</u>

お尋ねのような土地ですと，建物の建築は難しく，市街地であれば駐車場としての利用に限られるでしょう。

39 奥行が極端に短い土地の評価

〈間口狭小補正率表〉

奥行距離(メートル) \ 地区区分	ビル街地区	高度商業地区	繁華街地区	普通商業・併用住宅地区	普通住宅地区	中小工場地区	大工場地区
4 未満	－	0.85	0.9	0.90	0.90	0.80	0.80
4 以上 6 未満	－	0.94	1.00	0.97	0.94	0.85	0.85
6 〃 8 〃	－	0.97		1.00	0.97	0.90	0.90
8 〃 10 〃	0.95	1.00			1.00	0.95	0.95
10 〃 16 〃	0.97					1.00	0.97
16 〃 22 〃	0.98						0.98
22 〃 28 〃	0.99						0.99
28 〃	1.00						1.00

〈奥行長大補正率表〉

奥行距離/間口距離 \ 地区区分	ビル街地区	高度商業地区 繁華街地区 普通商業・併用住宅地区	普通住宅地区	中小工場地区	大工場地区
2 以上 3 未満	1.00	1.00	0.98	1.00	1.00
3 〃 4 〃		0.99	0.96	0.99	
4 〃 5 〃		0.98	0.94	0.98	
5 〃 6 〃		0.96	0.92	0.96	
6 〃 7 〃		0.94	0.90	0.94	
7 〃 8 〃		0.92		0.92	
8 〃		0.90		0.90	

　繁華街地区での最有効使用は店舗併用共同住宅か店舗併用事務所が多いといえますが，その場合でも隣地の人に買ってもらう以外にないでしょう。

　隣地の人が買ってくれないとすると，駐車場としての利用価値しかないにもかかわらず，相続税の評価額はご質問のとおり1億円以上になってしまい，とても市場価格とはいえません。

　筆者は，建物の建築が不可能であるにもかかわらず，奥行価格補正率の0.90だけ評価額が市場価格よりも高くなり，相続税の負担が大きすぎる点が問題だと思います。

40 不整形地の時価は，評価通達の価格を大幅に下回る

Q 私は，建物が建てられない，いわゆる不整形地を父より相続しましたが，税理士から相続税の評価額が1,680万円になると言われ，びっくりしました。建物が建てられない土地でありながら，どうしてそんなに高い評価額になるのか納得がいきません。どうすればよいでしょうか？

A 評価通達で計算すると申告額が高くなるため，解決策としては，鑑定評価によって相続税の申告額を減少させていく他はないでしょう。

「不整形地」とは，近隣地域の標準画地に比較して著しく形状が劣り，建物等の建築が困難な土地をいいます。

間口が4m未満の普通住宅地区の補正率は0.90ですが，民法上の境界線が隣接地と接しているところが2か所ある場合は1mが必要なことを無視してつくられた数字ではないか，と思われます。

普通住宅地区では0.80程度に間口狭小補正率を修正しないと，実際の市場価格とはかなり離れた評価額になります。

例として，次ページのような不整形地で説明しましょう。

奥行価格補正率：1.00

平均的な奥行距離 = 126㎡ ÷ 8m = 15.75m 〈想定整形地の奥行距離30m〉

　　　　（想定整形地の間口距離）　（想定整形地の奥行距離）
　　　　　　　　18m　　　×　　　　30m　　　= 540㎡
　　　（想定整形地の地積）　（不整形地の地積）　　　　　（かげ地割合）
　　　　　（540㎡　　　－　　　126㎡）　÷　540㎡　≒　76.66%
　　　　　　　（不整形地補正率）　（間口狭小補正率）
　　　① 　　　0.60　　　×　　　1.00　　　= 0.60
　　　　　　　（奥行価格補正率）　（間口狭小補正率）
　　　② 　　　1.00　　　×　　　1.00　　　= 1.00

不整形地補正率：①，②のいずれか低い率0.60を限度とする。

40 不整形地の時価は，評価通達の価格を大幅に下回る

〈地積区分表〉

地区区分 \ 地積区分	A	B	C
高度商業地区	1,000㎡未満	1,000㎡以上 1,500㎡未満	1,500㎡以上
繁華街地区	450㎡未満	450㎡以上 700㎡未満	700㎡以上
普通商業・併用住宅地区	650㎡未満	650㎡以上 1,000㎡未満	1,000㎡以上
普通住宅地区	500㎡未満	500㎡以上 750㎡未満	750㎡以上
中小工場地区	3,500㎡未満	3,500㎡以上 5,000㎡未満	5,000㎡以上

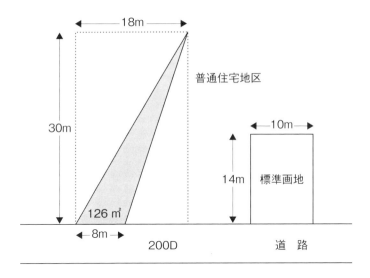

不整形地の価格：200,000円 × 0.60 × 140㎡ ＝ 16,800,000円

標準画地の価格：200,000円 × 1.00 × 140㎡ ＝ 28,000,000円

　不整形地補正率表の普通住宅地区Aの最大補正率を0.50位にしなければ，客観的な時価を表さないのではないでしょうか。

　評価通達27-5《区分地上権に準ずる地役権の評価》の建物が建築できない場合の50％評価減と同様です。

〈不整形地補正率表〉

地区区分	高度商業地区，繁華街地区，普通商業・併用住宅地区，中小工場地区			普通住宅地区		
地積区分 かげ地割合	A	B	C	A	B	C
10％以上	0.99	0.99	1.00	0.98	0.99	0.99
15％ 〃	0.98	0.99	0.99	0.96	0.98	0.99
20％ 〃	0.97	0.98	0.99	0.94	0.97	0.98
25％ 〃	0.96	0.98	0.99	0.92	0.95	0.97
30％ 〃	0.94	0.97	0.98	0.90	0.93	0.96
35％ 〃	0.92	0.95	0.98	0.88	0.91	0.94
40％ 〃	0.90	0.93	0.97	0.85	0.88	0.92
45％ 〃	0.87	0.91	0.95	0.82	0.85	0.90
50％ 〃	0.84	0.89	0.93	0.79	0.82	0.87
55％ 〃	0.80	0.87	0.90	0.75	0.78	0.83
60％ 〃	0.76	0.84	0.86	0.70	0.73	0.78
65％ 〃	0.70	0.75	0.80	0.60	0.65	0.70

(注)
1. 不整形地の地区区分に応ずる地積区分は，付表4「地積区分表」による。
2. かげ地割合は次の算式により計算した割合による。

$$「かげ地割合」 = \frac{想定整形地の地積 - 不整形地の地積}{想定整形地の地積}$$

3. 間口狭小補正率の適用がある場合においては，この表により求めた不整形地補正率に間口狭小補正率を乗じて得た数値を不整形地補正率とする。ただし，その最小値はこの表に定める不整形地補正率の最小値（0.60）とする。

   また，奥行長大補正率の適用がある場合においては，選択により，不整形地補正率を適用せず，間口狭小補正率に奥行長大補正率を乗じて得た数値によって差し支えない。

4. 大工場地区にある不整形地については，原則として不整形地補正を行わないが，地積がおおむね9,000㎡程度までのものについては，付表4「地積区分表」及びこの表に掲げる中小工場地区の区分により不整形地としての補正を行って差し支えない。

41 地積過小の宅地は大幅な減価が必要

Q 私は，繁華街にある土地（30 ㎡）を相続しました。区役所に問い合わせたところ，最低敷地面積制限以下であるので住宅は建てられないと言われ，隣地を買おうとしましたが断られました。そのような土地であっても，評価通達によって申告しなければならないのでしょうか。

A 「過小宅地」とは，地積が極端に小さい画地，および公法上の規制から建物の建築ができない土地を，「広大地」とは，その地域における標準的な宅地に比して地積が著しく広大な宅地をいいます。

広大地の評価については，広大地補正率が規定され，改善の方向性が示されていますが，過小宅地については，ほとんど議論されていないといってよいでしょう。

大幅な減価が必要な場合は不動産鑑定士に時価を鑑定してもらうしかありません。

過小宅地の制約は，次のような建築基準法等の法的制限と密接に関連しています。

① 建築基準法の敷地面積の最低限度の規定
② 建築協定
③ 地区計画
④ 開発行為による条例や指導要綱の規制

たとえば横浜市では，都市計画法による開発許可の手引きに次のように定められています。

(イ) 戸建住宅の敷地は，1画地 125 ㎡〜 200 ㎡程度の規模を基準とし，狭小または細長な画地割とならないように考慮して街区を設定するよう努めること。

(ロ) 第1種低層住居専用地域または第2種低層住居専用地域で，予定建築物の敷地の1画地の規模は，その容積率に応じ，次の面積以上とすること。

なお，敷地が2以上の地区にわたる場合の敷地面積の最低限度は，大きい方の値を適用する．

容積率	敷地面積の最低限度
60%	165㎡
80%	125㎡
100%	100㎡

（注）港北ニュータウン土地区画整理事業施行区域内は165㎡．

(ハ) 市街化区域内（(ロ)に掲げる地区を除く）においては，予定建築物の敷地の1画地の規模は100㎡以上とするよう努めること．

　なお，敷地が(ロ)に掲げる地区にわたる場合は，(ロ)の基準を適用する．

(ニ) 予定建築物の敷地は，著しい傾斜，狭長，屈曲および複雑な出入りのある形状とならないよう努めること．

東京都区内では，区ごとに最低敷地面積が次表のように定められています．

区市名	関係部署	適用対象	最低敷地面積
中野区	都市計画課	建ぺい率40%の第1種低層住居専用地域	85㎡
		建ぺい率50%の第1種低層住居専用地域	70㎡
		建ぺい率60%の第1種低層住居専用地域	60㎡
		建ぺい率60%の第1種中高層住居専用地域	60㎡
		建ぺい率60%の第2種中高層住居専用地域	60㎡
		建ぺい率60%の第1種中高層住居専用地域	60㎡
杉並区	建築指導課	建ぺい率30%	100㎡
		建ぺい率40%	80㎡
		建ぺい率50%	70㎡
		建ぺい率60%	60㎡
世田谷区	都市計画課	建ぺい率40%の第1，2種低層住居専用地域	100㎡
		建ぺい率50%の第1，2種低層住居専用地域	80㎡
		建ぺい率60%の第1，2種低層住居専用地域	70㎡
目黒区	都市整備課	建ぺい率50%の第1種低層住居専用地域	60㎡
		建ぺい率60%の第1種低層住居専用地域	70㎡
江戸川区	都市計画課	住居系	70㎡
三鷹市	建築指導課	建ぺい率50%以下の第1種低層住居専用地域	100㎡
町田市	建築開発審査課	第1，2種低層住居専用地域	120㎡
武蔵野市	まちづくり推進課	建ぺい率50%の第1,2種低層住居専用地域 建ぺい率60%の第1,2種中高層住居専用地域 建ぺい率50%の第1,2種住居専用地域	100㎡
清瀬市	都市計画課	第1種低層住居専用地域	120㎡

41 地積過小の宅地は大幅な減価が必要

また，東京都では，敷地分割の最低限度が次表のように定められています。

区　名	関係部署	適用対象		最低敷地面積	
文京区	都市計画課	300㎡以上または4分割以上		60㎡	
墨田区	開発調整課	300㎡以上		60㎡	
品川区	建築住宅部	5戸以上	建ぺい率50% 第1種低層住居専用地域	55㎡	
			上記以外	50㎡	
目黒区	都市整備課	第1種低層住居専用地域		72㎡	
大田区	まちづくり推進部	建ぺい率40%第1種低層住居専用地域		95㎡	
		建ぺい率50%第1種低層住居専用地域		75㎡	
世田谷区	都市整備部	建ぺい率40%の地域		100㎡	
		建ぺい率50%の地域		80㎡	
		建ぺい率60%の地域		70㎡	
荒川区	都市計画課	350㎡または6棟(戸)以上（条例規制）		60㎡	
練馬区	都市整備部	400㎡以上または4棟以上		建ぺい率30%の地域	110㎡
				建ぺい率40%の地域	100㎡
				建ぺい率50%の地域	80㎡
				建ぺい率60%の地域	75㎡
				建ぺい率80%の防火地域	70㎡
足立区	建築指導課	150㎡以上の分割		建ぺい率30%	120㎡
				建ぺい率40%	90㎡
				建ぺい率50%	72㎡
				建ぺい率60%	66㎡
葛飾区	開発指導課	400㎡または6棟(区画)以上		建ぺい率30%	120㎡
				建ぺい率40%	90㎡
				建ぺい率50%	72㎡
				建ぺい率60%	66㎡
北　区	建築課	400㎡以上で新規道路を入れる場合 6分割以上		建ぺい率60%	66㎡
				建ぺい率50%	72㎡

(注) 1. 上記規制は平成26年7月25日現在のものであり，その後変更されている場合があるので確認してください。

　2. この一覧に明記されていない区，市は現在のところ分割規制を実施していませんが，確認してください。また，区，市によって地区計画区域・緑化等がある場合，最低敷地規模が異なる場合があるので確認してください。

　3. 開発指導要綱，条例の適用前に建築された建物は，既得権を有するため最低敷地規模以下でも建築できる場合がありますので，その点も区役所もしくは市役所の担当課で確認してください。

42 利用価値が劣る過小宅地の評価

Q 私は，下図のようなA地（140㎡），B地（110㎡），C地（30㎡）の三つの土地を父より相続しました。相続税の評価額はどうなりますか？

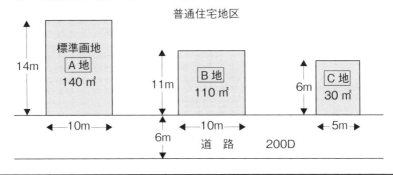

第1種低層住居専用地域，建ぺい率50%・容積率80%

A 鑑定評価による時価で申告するか，利用時価が著しく低下している宅地であれば，その評価に対応する価格分の10％評価減をするしかありません。

〈評価通達による評価〉

A地：200,000 円／㎡ × 140㎡ ＝ 28,000,000 円

B地：200,000 円／㎡ × 110㎡ ＝ 22,000,000 円

(奥行価格補正率) (間口狭小補正率) (補正率)
C地： 0.95 × 0.94 ＝ 0.89

200,000 円／㎡ × 0.89 × 30㎡ ＝ 5,340,000 円

その地域の最低敷地面積が仮に125㎡としますと，B地の面積は110㎡しかありませんから，隣接地を買収しなければ建物は建てられません。

C地は，建ぺい率や容積率の関係から，建物の建築はほとんど不可能です。仮に下図のようにC地の奥にD地があるとしますと，D地はC地を買収すれば整形地になります。

42 利用価値が劣る過小宅地の評価

限定価格を考慮せずに正常価格で求めるため、不整形地かつ過小宅地として評価すべきです。

そのように考えると、隣地以外の人はC地を534万円では購入しないでしょう。したがって、この評価額は客観的な時価とはいえません。

筆者は、B地の評価額は本来減価すべきだと思いますが、評価の実務では減価率の算出が難しいため、ほとんど減価していません。

C地については、評価額が少額の場合は減価をしませんが、500万円を超える場合や過小宅地がいくつかある場合は、鑑定評価額で申告しているケースが多いといえます。

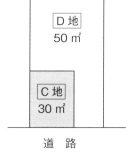

ちなみに、平成4年の国税庁企画官情報は、利用価値が著しく低下している宅地については、その評価に対応する価額分の10％評価減を認めています。

その場合の例示として、

① 振動が著しい宅地
② 道路より著しく高低差がある宅地
③ 地盤に甚だしい凸凹がある宅地
④ 日照阻害がある宅地
⑤ 臭気忌み地等

等があげられます。

筆者は、道路等の公共潰れ地が必要な広大地は通達によって大幅な評価減を認めたのですから、たとえばC地については10％の、B地については5％の評価減を通達等で認めるべきではないかと考えます。

43 広大地通達とは？

Q 広大地通達について説明してください。

 平成6年に面大減価のための規定が創設されましたが、土地バブルがはじけた平成10年頃には土地の物納案件が大量に増加したため、平成16年6月に評価通達が改正され、広大地の評価額の計算式が次のようになりました。

広大地の評価額＝正面路線価×有効宅地比率×各種画地補正率×地積

$$有効宅地比率＝\frac{広大地の地積 － 公共公益的施設地となる部分の地積}{広大地の地積}$$

　筆者は、平成6年に面大減価のための規定が創設された頃から、広大地の場合は開発法による図面を添付して相続税申告をしていました。

　当時は多くが広大地の手法を使って申告書を提出しており、また開発法による図面も添付していたため、国税調査官との税務トラブルはほとんどありませんでした。

　筆者は家庭裁判所の調停員であったことから申告書を見る機会がしばしばありましたが、その多くは奥行長大補正率等のみを使っていました。

　広大地通達があったにもかかわらず、税理士は開発図面を描くことが不慣れなため、この通達を使えず、結果として高い評価額になってしまい、多くの納税者が不満を感じていました。その反動で、広大地の物納が大幅に増加しました。

　平成12年～13年頃には財務省からの鑑定評価案件が多くあり、そのほとんどが広大地で、道路等により面大減価が生じるケースが圧倒的に多かったことをおぼえています。

　筆者の事務所には現在でも、有効宅地比率による開発図面を添付した案件が

保管されています。

当時は広大地の面積基準はありませんでしたので，道路潰れ地等が生ずる場合は広大地通達の適用があるとして申告していました。

戸建住宅地として開発する場合は路地状敷地として開発するか道路を入れた方がよく，最有効使用の観点からは問題がありましたが，道路を入れた方が形状的にはすっきりするため，そのように申告しても，税務当局は最近のように国税不服審判所に提訴するケースはほとんどなく，国税調査官の暗黙の了解のもとに申告がなされていました。

次に，広大地通達の本文を掲げます。

（広大地の評価）
24-4　その地域における標準的な宅地の地積に比して著しく地積が広大な宅地で都市計画法第4条《定義》第12項に規定する開発行為（以下本項において「開発行為」という。）を行うとした場合に<u>公共公益的施設用地の負担が必要と認められるもの</u>（22-2《大規模工場用地》に定める大規模工場用地に該当するもの及び中高層の集合住宅等の敷地用地に適しているもの（その宅地について，経済的に最も合理的であると認められる開発行為が中高層の集合住宅等を建築することを目的とするものであると認められるものをいう。）を除く。以下「広大地」という。）の価額は，原則として，次に掲げる区分に従い，それぞれ次により計算した金額によって評価する。

(1)　その広大地が路線価地域に所在する場合

　　その広大地の面する路線の路線価に，15《奥行価格補正》から20-5《容積率の異なる2以上の地域にわたる宅地の評価》までの定めに代わるものとして次の算式により求めた広大地補正率を乗じて計算した価額にその広大地の地積を乗じて計算した金額

$$広大地補正率 = 0.6 - 0.05 \times \frac{広大地の地積}{1,000\text{㎡}}$$

(2)　その広大地が倍率地域に所在する場合

　　その広大地が標準的な間口距離及び奥行距離を有する宅地であるとした場合の1平方メートル当たりの価額を14《路線価》に定める路線価として，

> 　　上記(1)に準じて計算した金額
>
> (注)
> 1　本項本文に定める「公共公益的施設用地」とは，都市計画法第4条《定義》第14項に規定する道路，公園等の公共施設の用に供される土地及び都市計画法施行令（昭和44年政令第158号）第27条に掲げる教育施設，医療施設等の公益的施設の用に供される土地（その他これらに準ずる施設で，開発行為の許可を受けるために必要とされる施設の用に供される土地を含む。）をいうものとする。
> 2　本項(1)の「その広大地の面する路線の路線価」は，その路線が2以上ある場合には，原則として，その広大地が面する路線の路線価のうち最も高いものとする。
> 3　本項によって評価する広大地は，5,000㎡以下の地積のものとする。したがって，広大地補正率は0.35が下限となることに留意する。
> 4　本項(1)又は(2)により計算した価額が，その広大地を11《評価の方式》から21-2《倍率方式による評価》まで及び24-6《セットバックを必要とする宅地の評価》の定めにより評価した価額を上回る場合には，その広大地の価額は11から21-2まで及び24-6の定めによって評価することに留意する。（下線・筆者）

　このように，広大地補正率が式で表されたことにより，誰でも簡便に計算できるようになりました。多くの税理士が開発図面を描くことなく計算でき，評価の正確性の観点から画期的な手法といえます。

　上記の算式による広大地補正率の計算例は次表の通りです。

地　積	広大地補正率
1,000㎡	0.55
2,000㎡	0.50
3,000㎡	0.45
4,000㎡	0.40
5,000㎡	0.35

44 広大地通達の式には，セットバックや造成費控除が含まれている

Q 私の土地は幅員 3.6 m の道路に面しているため，建物を建てるにはセットバックが必要です。広大地補正率を適用し，かつセットバックや造成費相当額を控除することができますか？ また，都市計画道路予定地になっていますが，その減価は考慮されますか？

A 鑑定評価における開発法では，セットバック部分を道路潰れ地として有効宅地比率を計算していることから，広大地補正率にはセットバック部分を織り込み済みであるとされています。

また，造成費についても広大地補正率に含められているため，造成費相当額は控除できません。

なお，都市計画道路予定地にある場合は広大地補正率に含まれていないため，広大地通達を適用後に差し引くことができます。

45 広大地補正率を使った場合は，水道・ガス・公共下水等の引込み管の工事費用は差し引けない

Q 広大地補正率を使って税務申告をしたいと思っています。道路潰れ地が生じるとともに，水道・ガス・公共下水等の引込み管の工事費用がかなりかかりますが，これらの費用を差し引くことはできますか？

A 評価通達では，水道・ガス・公共下水等の引込み管の工事費用を差し引くことができるか否かが明確にはされていませんが，計算式の中にそれらの費用が含まれていると解するのが妥当でしょう。

周囲の状況や専門家の意見等から判断して，明らかにマンション用地に適していると認められる土地を除いて，戸建住宅用地として広大地通達を適用することができます。

下記の3つの要件の中で，特に②の戸建住宅が最有効使用であるか否かが問題になる地域がかなり多いことも事実です。

広大地補正率を使用できるか否かは，納税上重要な要素となります。

広大地か否かは不動産鑑定士が判断すべき要素が多いにもかかわらず，従来は公共の仕事が中心であったために個人との接触がほとんどなく，不動産鑑定士はこの分野で大きく出遅れたのも事実です。

最近やっと業務の拡大のために，日本不動産鑑定士連合会が研修会を催すようになりました。筆者は常々，不動産鑑定士こそ広大地の意見書の作成や市街地山林の評価の適任者であると思っています。

ある税理士が作成した申告書に対して，別の税理士が更正の請求を提出し，多額の還付金を受けるというビジネスも登場しています。

広大地通達が適用できるのにしなかったために，多額の損害賠償請求がなされた事案もあると聞いています。

45 広大地補正率を使った場合は、水道・ガス・公共下水等の引込み管の工事費用は差し引けない

広大地通達に該当する要件は次の3つです。
① 標準的画地に比べて著しく地積が大きいこと
② 戸建住宅が最有効使用であること
③ 道路や公園等の公共潰れ地が生じる画地であること

この中で特に問題になるのは、②の要件です。②については、都市計画法の第1種低層住居専用地域に指定されているところでは、ほとんど問題にはなりません。

しかし、従来は中小の工場が中心であった幹線道路沿いや準工業地域で、最近急速に戸建住宅地に開発されつつある地域では、住宅と工場が混在しているため、どちらが中心かで広大地通達の適用があるか否かの判断が分かれます。

広大地通達の適用があれば大幅な相続税額の減少となります。

コラム＊6

更正の請求に関する裁判例等

　平成23年12月2日以降に期限が到来する国税については，更正の請求ができる期間が法定申告期限から原則として5年間に延長されました。

　また，更正の請求に際しては，請求の理由の基礎となる「事実を証明する書類」の添付が必要となることが明確化されました。したがって，相続税の更正の請求をする場合は，「鑑定評価書」や「広大地の意見書」等を添付する必要があります。

　以下に，更正の請求に関する裁判例等をいくつか紹介します。

(1)　東京高等裁判所平成17年2月23日判決──「課税庁は評価通達に定められた評価方法とは異なる他の評価方法，たとえば不動産鑑定士による合理性を有する鑑定評価書等の根拠資料に基づいて，当該更正処分に課税価格ないし税額の過大認定の違法があることを主張し反証することができる。」

(2)　東京高等裁判所平成18年3月28日判決──「実質的な租税負担の公平を著しく害し，法の趣旨および本件通達の趣旨に反することとなるなど，本件通達に定める評価方式によらないことが正当と是認されるような特別の事情がある場合には，他の合理的な評価方式によることが許されるべきである。」

(3)　平成17年7月1日裁決──「評価通達に基づき算定された土地等の評価額が客観的交換価値を上回る場合は，評価通達に基づく評価方法によらず，その他の合理的な評価方法により評価することができる。」

(4)　平成18年3月15日裁決──「評価通達等により算定される土地の評価額が客観的交換価値を上回っているといえるためには，これを下回る鑑定評価書が存在し，その鑑定評価書が一応公正妥当な鑑定理論に従っているというのみで足りず，同一の土地について他の不動産鑑定士の鑑定評価書があればそれと比較して，また，周辺における公示価格や都道府県地価調査による基準地の標準価格の状況，近隣における取引事例等の諸資料に照らして評価通達等により算定された土地の評価額が客観的交換価値を上回ることが明らかであると認められるものが更正の請求が許される。」

　上記の事例では概して，鑑定評価額が評価通達の価格を下回る場合は，更正の請求が認められています。

　しかし，(4)の裁決は，納税者と税務当局の複数の鑑定評価書を比較すると同時に，公示価格，基準地価格，近隣の取引事例等を勘案することにより判断するとしており，更正の請求のハードルはかなり高いといえます。

46 マンション適地とは？

 マンション適地について説明してください。

 その地域がマンション用地なのか戸建住宅地なのかの判断は，不動産鑑定士が適任者です。

戸建住宅が最有効使用であると判断する場合は，マンションと戸建住宅が混在する地域の投資採算を分析して，マンションは適切ではないとの分析結果を添付します。

また，中小の工場や倉庫と戸建住宅が混在する地域については，その地域に従来工場や倉庫が立地していても，最近の土地利用は戸建住宅が中心であると分析し，その証拠として土地利用図や最近の分譲業者の動向を詳細に分析した図を添付するなりして税務当局を説得する必要があります。

前項の広大地通達に該当する要件の③の公共潰れ地が生じる画地については，開発指導要綱に基づいた開発図面によって，路地状敷地よりも道路を入れて開発した方がより高く売却できることを証明するのが妥当でしょう。

なお，平成17年6月17日付の国税企画官情報は，「マンション適地の判定」について次のように述べています。

---

(3) **マンション適地の判定**

評価対象地について，中高層の集合住宅等の敷地，いわゆるマンション適地等として使用するのが最有効使用と認められるか否かの判断は，その土地の周辺地域の標準的使用の状況を参考とすることになるのであるが，戸建住宅とマンションが混在している地域（主に容積率200％の地域）にあっては，その土地の最有効使用を判断することが困難な場合もあると考えられる。

このような場合には，周囲の状況や専門家の意見等から判断して，明らかにマンション用地に適していると認められる土地を除き，戸建住宅用地として広大地の評価を適用することとして差し支えない。（下線・筆者）

マンションと戸建住宅が混在する地域においては,「周囲の状況や専門家の意見等から判断して」とありますが,「専門家の意見」については不動産鑑定士の判断が最も重要だといえます。

☞ 広大地評価は「更地」でなければ適用できないと思い込んでいる人もいますが,著しく広大であるかどうかの判定は,当該土地の上にある建物の有無にかかわらず,当該土地の規模により判定されます。したがって,地域の標準的使用が最寄り駅等の距離および立地条件から戸建住宅である場合に広大地通達が適用されます。

47 広大地通達を適用した場合は無道路地の減価を差し引けない

Q 私は，父より1,500㎡の無道路地を相続しました。父は生前，隣地の人が所有している道路との接道部分の購入をお願いしていましたが，売ってもらえませんでした。この土地は道路に接道している土地に比べてかなり不利であり，無道路地の減価を差し引けないのはおかしいのではないでしょうか？

A 広大地が無道路地であっても，評価通達20-2の《無道路地の評価》を適用しないこととされていますが，理論的には妥当性がないのはいうまでもなく，筆者はこの評価通達を改正すべきと考えます。

「無道路地」とは道路に接していない土地で，単独では建物の建築が不可能な土地をいいます。

広大地通達の定めにより，路線価に地積および広大地補正率を乗じて評価する場合には，その広大地が無道路地であっても，評価通達20-2の《無道路地の評価》の定めを適用しないで評価します。

広大地補正率は，1㎡当たりの鑑定評価額が正面路線価に占める割合を基として算出されています。

また，鑑定評価（開発法）は，評価対象地の形状，道路との位置関係など，土地の個別的要因に基づいて最も経済的・合理的となるような開発想定図を作成し，それに基づき鑑定評価額が算出されており，鑑定評価額に基づき算出された広大地補正率は，土地の個別的要因の事情補正が考慮されているものということができます。

次図の例で説明しましょう。

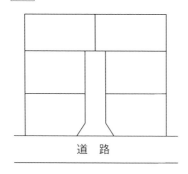

全体 1,500 ㎡
A地：道路に接道している場合

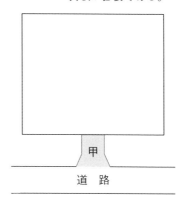

全体 1,500 ㎡
B地：道路に接道していない場合
→無道路地のため甲の部分の買収が必要である。

〈広大地補正率〉 $\begin{cases} \text{A地}：0.6 - 0.05 \times \left(\dfrac{1,500㎡}{1,000㎡}\right) = 0.525 \\ \text{B地}：0.6 - 0.05 \times \left(\dfrac{1,500㎡}{1,000㎡}\right) = 0.525 \end{cases}$

　B地は，無道路地で開発する場合，道路部分の買収費が必要なのに広大地補正率に含まれているとするのは公平性の概念から行き過ぎです。

　A地，B地の2つの土地が市場に出た場合，全員がA地を買うでしょう。

　B地を買うのは，甲の部分の買収が可能な場合や，通行地役権の権利が設定できる場合のみと思われます。それだけのハンディがあるB地がA地と同額であるというのは，課税の公平性の観点から妥当ではなく，検討を要すべきです。

　個別的要因に含まれる要因には不整形地や，道路・公園等の潰れ地であると解するのが妥当ですので，無道路地の減額規定も併用すべきです。

　甲の部分（道路）がかなりの面積を占める場合は，鑑定評価で対応していかざるをえません。

48 広大地通達が適用される無道路地に仮路線価を付設すれば,さらに相続税額が減少する

Q 私が父から相続した土地は無道路地で,広大地通達の適用があります。この土地に至近の路線価からもってくるべきであると税理士からいわれましたが,不動産鑑定士は,仮路線価を付設してもらうと,さらに評価額が低くなるといっています。本当にそんなことができるのでしょうか?

A 国税局に申請して最も近い所に仮路線価を付設してもらい,その価格を正面路線価とした方が相続税の評価額が下がります。

下図は,無道路地で仮路線価が必要な場合の広大地の例です。

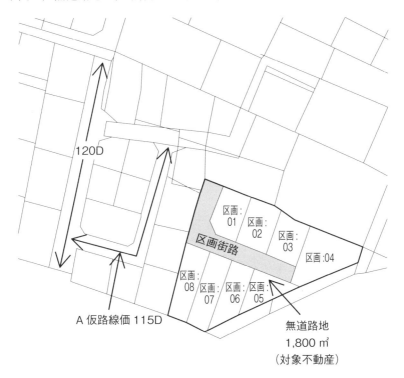

通常は通り抜け道路に路線価が付されており，道路位置指定を受けたところや，通り抜けできない道路には路線価が付されていない場合が多いといえます。
　上図では，120Dの路線価が付されていますが，至近のところには路線価が付されていません。したがって，A点では，無道路地の最短距離の道路に仮路線価115Dを図のように付設してもらう必要があります。
　なお，仮路線価は，特定路線価の回答書として次のように付設されます。

	＿＿○○＿＿ 税務署長	
平成○○年○○月○○日付けで申出のありました相続税に係る平成○○年分の特定路線価について下記のとおり回答します。		
記		
道路の所在地	○○○○○	
特定路線価 （1平方メートル当たり）	○○○○○円	円
（参考） 地 区 区 分	普通住宅地区	地区
借 地 権 割 合	○○ ％	％
申告書を提出する際には，この回答書の写しの添付をお願いします。		
	評価専門官 担当者＿＿＿＿＿＿＿＿＿＿＿＿＿＿ 電話番号＿＿＿＿＿＿＿＿＿＿＿＿＿	

① 仮路線価付設前の価額

$$120,000 \text{円}/㎡ \times \left(0.6 - 0.05 \times \frac{1,800㎡}{1,000㎡}\right) = 61,200 \text{円}/㎡$$

② 仮路線価付設後の価額

$$115,000 \text{円}/㎡ \times \left(0.6 - 0.05 \times \frac{1,800㎡}{1,000㎡}\right) = 58,650 \text{円}/㎡$$

①－② ＝ 2,550円／㎡

$$2,550 \text{円}/㎡ \times 1,800㎡ = 4,590,000 \text{円}$$

このように，評価額が459万円少なくなります。

49 広大地通達の適用がある土地を相続後に，建物を取り壊して戸建住宅を建築した場合

Q 私が父から相続した土地（950㎡）は第1種低層住居専用地域にあり，広大地通達の適用があります。相続時から3か月後に建物を380万円で取り壊してその土地を不動産業者に売却しました。相続税の申告の際，この建物の取壊し費用を差し引くことはできますか？

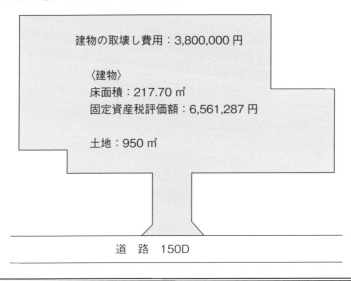

建物の取壊し費用：3,800,000円

〈建物〉
床面積：217.70㎡
固定資産税評価額：6,561,287円

土地：950㎡

道　路　150D

A 通常は差し引くことができないとされていますが，私見では，相続時の時価から差し引いてもよいのではないかと考えます。

　筆者は以前，相続時には建物が立っていたが，3か月後にその建物を取り壊した場合，土地は広大地通達の適用を受け，建物の取壊し費用を差し引くことができるかについて，国税調査官と次のようなやり取りをしたことがあります。

　調査官──相続時点には建物があり，その建物に利用価値があるのであれば，当然，土地と建物の合計額を相続税の申告額とすべきです。

筆　者——調査日現在ではすでに建物は取り壊されており，相続人等は建物を利用しておらず，建物の取壊し費用を更地価格から差し引くのが妥当であり，その価額が相続税法22条の時価に該当するのではないでしょうか。

これは，評価通達と鑑定評価の考え方が異なるケースです。

評価通達で申告する（ただし，小規模宅地の特例は考慮しません）と，評価額は次のようになります。

① 土地：$150,000 円/㎡ \times \left(0.6 - 0.05 \times \dfrac{950㎡}{1,000㎡}\right) \times 950㎡ = 78,731,250$ 円

② 建物：6,561,287 円

③ ①＋② ＝ <u>85,292,537 円</u>

鑑定評価では，次のようになります。

① 土地：78,731,250 円 (注)

② 建物：0 円

③ 取壊し費用：3,800,000 円

④ ①－③ ＝ <u>74,931,250 円</u>

したがって，評価通達と鑑定評価の差は，

$$85,292,537 円 - 74,931,250 円 = \underline{10,361,287 円}$$

となります。

(注)　78,731,250 円は，鑑定評価によって求めた価額ではなく，広大地通達を適用して求めた価額です。

私見ですが，相続税法22条は時価と規定しているので，鑑定評価の考え方の方が妥当と思われます。「更正の請求」で争ってもよい事例です。

50 三層の路地状敷地を妥当と判決した東京高等裁判所の裁判例

Q 三層の路地状敷地が妥当であるとの判決を出した東京高等裁判所の裁判例があると聞きましたが，本当ですか？現実に買う人がいなければ，評価通達を適用する意味がないのではありませんか？

  三層の路地状敷地が妥当であるとした東京高等裁判所平成18年3月28日判決は，周囲の状況や市場性を全く無視した判決といえます。

【広大地通達の適用を否定し，路地状敷地開発を妥当とした事例】

下図の画地3〜5のように，道路から離れ，奥に位置する本件路地状敷地の区画があれば，購買者の資力に応じた物件を提供できること等からして，分割図には経済的合理性があるといえる。(下線・筆者)

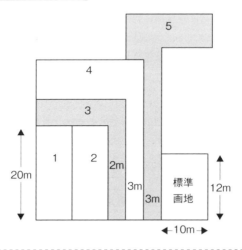

三層の旗竿地は現実離れしており，よほど安くないと，ほとんどの人は4や5の宅地を購入しないでしょう。

上記の分割図は非現実的であり，経済的合理性を欠くといえるでしょう。

51 市街化調整区域でも線引前に宅地であった土地は広大地通達が適用される

Q 私は，昭和40年に父が取得した土地を相続しました。その当時の地目は宅地となっています。その後，昭和45年に線引きが行われ，市街化区域調整区域に編入されましたが，この土地に広大地通達は適用されますか？

A 市街化調整区域にあっても，一定の要件を充たせば広大地通達が適用されます。

市街化調整区域の線引き前から宅地であり，市街化区域に近接し，50戸以上の建築物が連たんし，都道府県知事の確認を受けた宅地を「既存宅地」といっていました（旧都市計画法43条1項6号）。

【旧都市計画法43条1項6号】
次に掲げる要件に該当する土地において行なう建築物の新築，改築又は用途の変更
イ 市街化区域に隣接し，又は近接し，自然的社会的諸条件から市街化区域と一体的な日常生活圏を構成しているとみとめられる地域であっておおむね50以上の建築物が連たんしている地域内に存する土地であること。
ロ 市街化調整区域に関する都市計画が決定され，又は当該都市計画を変更してその区域が拡張された際すでに宅地であった土地であって，その旨の都道府県知事の確認を受けたものであること。

この「既存宅地」の制度は，時間の経過とともにその証明が難しくなっているという理由から，平成12年に廃止されました。

なお，既存住宅地等については，広大地通達の適用があります。

下記の平成17年6月17日付の国税企画官情報は，戸建住宅を目的とした開発行為ができる場合には広大地に該当すると規定しています。

51 市街化調整区域でも線引前に宅地であった土地は広大地通達が適用される

5 市街化調整区域内の土地に係る広大地の評価について
(1) 市街化調整区域内の土地の分類

　平成12年の「都市計画法及び建築基準法の一部を改正する法律」により，開発許可制度は，地域の実情に応じた土地利用規制を実現するために柔軟な規制が行える体系に整備されることとなった。具体的には，旧「既存宅地」制度を，経過措置を設けて廃止することとし，都道府県（指定都市等又は事務処理市町村の区域内にあっては，当該指定都市等又は事務処理市町村。以下同じ。）が条例で区域を定め，その区域においては周辺環境の保全上支障がない用途の建築物の建築等を目的とする開発行為を許可対象とした（都市計画法第34条第8号の3）。

(中略)

　上記の法律改正に伴い，市街化調整区域内の土地については，「条例指定区域内の土地」及び「それ以外の区域内の土地」の2つに分類することができる。

　イ　条例指定区域内の土地

　　「条例指定区域内の土地」とは，上記の都市計画法の定めにより開発行為を許可することができることとされた区域内の土地であり，具体的には，「市街化区域に隣接し，又は近接し，かつ，自然的社会的諸条件から市街化区域と一体的な日常生活圏を構成していると認められる地域であっておおむね50以上の建築物が連たんしている地域」のうち，都道府県の条例で指定する区域内の土地をいう。

　　当該区域内の土地については，都道府県知事は，開発区域及びその周辺の地域の環境の保全上支障があると認められる用途として都道府県の条例で定めるものに該当しないものについて，開発を許可することができることとされている。したがって，その区域内のすべての土地について，都市計画法上の規制は一律となる一方，許可対象とされる区域の詳細や建築物の用途等は，都道府県の条例により定められることとなるため，それぞれの地域によってその内容が異なることとなる。

　ロ　それ以外の区域内の土地

　　上記イ以外の区域内の土地については，原則として，周辺地域住民の日常生活用品の店舗や農林漁業用の一定の建築物などの建築の用に供する目

的など，一定のもの以外は開発行為を行うことができない。
(2) 広大地に該当するかどうかの判定
　　上記(1)より，市街化調整区域内の宅地が広大地に該当するかどうかについては，「条例指定区域内の宅地」であり，都道府県の条例の内容により，戸建分譲を目的とした開発行為を行うことができる場合には広大地に該当するが，それ以外の区域内に存するものについては，広大地に該当しない。
　　また，市街化調整区域内の雑種地で，宅地に比準して評価する場合については，宅地の場合と同様に取り扱うことが相当である。（下線・筆者）

たとえば，神奈川県では，次の基準を充たす場合は「既存宅地」に該当するとされています。

1. 申請地は，次に掲げる(1)から(4)のいずれかに該当するものであること。
　(1) 申請地が市街化区域から概ね1kmを超えない距離にあって，概ね3haの面積（半径100mの円）内に，概ね50以上の建築物が存する地域内にあること。
　(2) 申請地が市街化区域から概ね1kmを超えない距離にあって，概ね50以上の建築物のそれぞれの敷地が50m以内の間隔で連続して存する地域内にあること。
　(3) 申請地が概ね3haの面積（半径100mの円）内に，概ね100以上の建築物が存する地域内にあること。
　(4) 申請地が概ね100以上の建築物のそれぞれの敷地が50m以内の間隔で連続して存する地域内にあること。
　(5) (2)及び(4)においては，当該申請地と最も近い既存建築物の敷地との間隔が25m以内とし，その他既存建築物の敷地相互間の間隔が50m以内で連たんして集落を形成していること。この場合，高速道路，鉄道，河川等によって明らかに分断されていないこと。
2. 申請地が，市街化調整区域に関する都市計画の決定の日において，次のいずれかに該当する土地であり，その後現在に至るまで継続して当該要件に該当していること。
　(1) 土地登記簿における地目が宅地の土地

51 市街化調整区域でも線引前に宅地であった土地は広大地通達が適用される

  (2) 固定資産課税台帳が宅地として評価されている土地
  (3) 宅地造成等規制法の許可を受けて造成した土地
  (4) 建築基準法に基づく道路位置指定の申請をして造成した土地
  (5) 建築基準法に基づく工作物の確認を受けて造成した土地
  (6) 建築物を建てる目的で農地転用許可を受けていた土地
  (7) 建築確認を受けて,建築物を建築した土地
  (8) その他建築物の敷地であることが明らかであると認められる土地

3. 申請地内において区画の分割,統合又は分割統合を行う場合に,1宅地は150㎡以上とすること。
4. 当該建築物が次のいずれかに該当するものであること。
  (1) 自己の居住の用に供するための住宅
  (2) 建築基準法に規定する第2種低層住居専用地域内に建築することができる建築物
  (3) その他,周辺の環境を著しく悪化させるおそれがないと認められる建築物

　上記の証明事項として特に重要なのは2の(1)と(2)です。

　神奈川県では昭和45年6月時点で線引きがなされている市町村が多いため,都市計画上,市街化区域と市街化調整区域の線引きがなされた時点を確認し,線引き前に宅地であったかどうかを土地登記簿等で確認する必要があります。

　市町村では「46証明」といっていますが,昭和46年1月1日または市街化調整区域に編入された翌年の1月1日および現年度作成固定資産(土地)課税台帳に宅地として評価されているかどうかで確認する必要があります。

　「既存宅地」の要件を充たしていると,次の要件も充足することが当然必要です。
① 標準的画地に比して地積が大きいこと
② 戸建分譲が最有効使用であること
③ 開発に当たり,開発道路等の公共公益施設用地の負担を要すること

52 相続税の路線価がない市街化調整区域に広大地通達が適用できるか？

Q 私が父から相続した土地（3,000㎡）は，市街化調整区域に編入前に宅地になっていますが，路線価がわからないため広大地通達は適用できないと言われました。本当でしょうか？

A 固定資産税の路線価から倍率を適用して相続税の路線価を求めるのが簡単な方法です。

市街化区域には路線価が付されているため容易ですが，市街化調整区域については，評価通達は宅地比準した価格で評価するといっているだけで，それ以外に何ら説明がありません。

筆者は，市街化調整区域にある広大地の評価額を次のようにして求めています。

(1) 周辺地域の市街化調整区域の既存住宅地から宅地比準する方法

| 取引事例価格 | × | 時点修正 | × | 個別的要因
標準化補正 | × | 地域要因比較 | = | 比準価格 |

地域の標準的住宅が，たとえば地積が300㎡の場合，それに類似する取引事例を収集します。

$$\text{事例(A)：} 100{,}000 \text{円}/\text{㎡} \times \underset{100}{\frac{100}{\text{(時点修正)}}} \times \underset{103}{\frac{100}{\text{(標準化補正)}}} \times \underset{105}{\frac{100}{\text{(地域要因)}}} \risingdotseq 92{,}500 \text{円}/\text{㎡}$$

$$\text{事例(B)：} 95{,}000 \text{円}/\text{㎡} \times \frac{100}{100} \times \frac{100}{100} \times \frac{100}{101} \risingdotseq 94{,}100 \text{円}/\text{㎡}$$

事例(A)，(B)の平均値をもとに，宅地比準の価格を93,300円/㎡とします（この場合，1.1の倍率をかける必要はありません）。

52 相続税の路線価がない市街化調整区域に広大地通達が適用できるか？

$$93,300 \text{円}/㎡ × \left(0.6 - 0.05 × \frac{3,000㎡}{1,000㎡}\right) × 3,000㎡ = \underline{125,955,000 \text{円}}$$

(2) 対象不動産または周辺の固定資産税評価額から倍率を乗じて求める方法

事例(A)：固定資産税評価額 24,000,000 円, 300㎡

$$24,000,000 \text{円} ÷ 300㎡ = 80,000 \text{円}/㎡ × 1.1 倍 = 88,000 \text{円}/㎡$$

事例(B)：近隣の固定資産税評価額 20,250,000 円, 250㎡

$$20,250,000 \text{円} ÷ 250㎡ = 81,000 \text{円}/㎡ × 1.1 倍 = 89,100 \text{円}/㎡$$

　　　　　　　　　　　　　（時点修正）　（標準化補正）　（地域要因）

事例(A)： $88,000 \text{円}/㎡ × \dfrac{100}{100} × \dfrac{100}{100} × \dfrac{100}{100} ≒ 88,000 \text{円}/㎡$

事例(B)： $89,100 \text{円}/㎡ × \dfrac{100}{100} × \dfrac{100}{100} × \dfrac{100}{102} ≒ 87,400 \text{円}/㎡$

事例(A)と(B)の中庸値を求めて，比準価格を 87,700 円/㎡ とします。

$$87,700 \text{円}/㎡ × \left(0.6 - 0.05 × \frac{3,000㎡}{1,000㎡}\right) × 3,000㎡ = \underline{118,395,000 \text{円}}$$

(3) 固定資産税の路線価から求める方法

多くの市町村では，下図のように，市街化調整区域の固定資産税路線価によって地域の標準宅地の価格がネット上で公開されています。

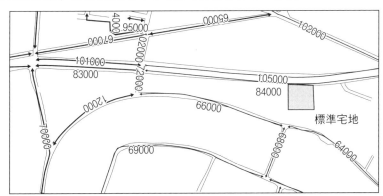

上図の標準宅地の横にある「84000」という数字は，既存住宅地の標準宅地規模の土地価格が 84,000 円/㎡ であることを示しており，次のように広大地価格が計算できます。

$$84{,}000\text{円}/\text{m}^2 \times \boxed{1.1\text{倍}} = 92{,}400\text{円}/\text{m}^2$$

$$92{,}400\text{円}/\text{m}^2 \times \left(0.6 - 0.05 \times \frac{3{,}000\text{m}^2}{1{,}000\text{m}^2}\right) \times 3{,}000\text{m}^2 = \underline{124{,}740{,}000\text{円}}$$

　市街化調整区域のように路線価が示されている場合はよいが，広大地評価をする場合は，市街化調整区域であっても路線価にかわる数字が必要です。

　不動産鑑定士等は既存住宅地の取引事例を収集していますが，税理士は守秘義務の関係から，(1)の方法は使えないのではないでしょうか。

　筆者は，(2)の方法をよく使っています。

　規模の大きい土地の固定資産税を評価するときには，奥行価格補正や不整形地補正等がされているため減価されているというのが税務当局の考え方です。

　したがって，相続税評価の対象となる標準的規模の土地で，戸建住宅が最有効使用の土地が近くにあれば，それでもよいと思います。

　上記の通り，固定資産税路線価は一般にネットで公開されており，自由にパソコンで見ることができます。税理士も，簡便法として数字を把握できるため利用価値は高いといえます。

　筆者は過去に(3)の方法で申告していましたが，税務当局から否認されたことはありません。

　ただし，市街化調整区域の標準的宅地の固定資産税評価額が示されていますから，固定資産税評価額に乗ずる倍率等に示されている宅地部分の倍率を乗じなければいけません。

53 広大地評価で争われた裁決例

 広大地評価で争われた裁決例を紹介してください。

 納税者の開発想定図が認められた事例(1)と,請求人の鑑定評価額が妥当と認められた事例(2)を紹介しましょう。

【事例(1):周辺の利用状況を分析して納税者(請求人)の開発想定図が認められた事例】(広大地の国税不服審判所裁判事例(平成23年5月9日裁決・裁決事例集83-4-22)

〈課税庁の路地状敷地ではなく請求人の道路を入れて開発する方法を認めた例〉

　　間口:19.10 m

　　奥行:27.53 m

　　面積:525㎡

　　用途地域:第1種低層住居専用地域

　　道路:東側7 m

　今まで課税庁はAの開発想定図を根拠にB,Cの開発想定図を認めていなかったが,開発状況を分析して,AではなくB,Cを認めて納税者勝訴とした。

　評価対象地は,道路を開設するなどした開発を行うことが最も合理的であり,「広大地」として評価するのが相当であるとした(平成19年1月相続開始に係る相続税の更正処分及び過少申告加算税の賦課決定処分・全部取消し・平23-05-09公表裁決)。

《ポイント》

　この事例は,広大地通達の適用について,評価対象地の属する地域内の開発事例を詳細かつ具体的に調査し,その調査結果と評価対象地の状況とを併せ検討することにより,公共公益的施設用地の負担の要否を判断し,評価対象地は「広大地」に該当するとしたものである。

《要旨》

　課税庁は,本件土地が属する財産評価基本通達24-4《広大地の評価》(本件通達)に定める「その地域」(本件地域)の標準的な宅地の地積に基づき区画割をすると,

本件土地は4区画に分割して路地状開発することが可能であること,路地状開発を行うとした場合は,路地状部分の土地は,通路に限らず駐車場として利用でき,建ぺい率・容積率の算定上道路を開設するよりも有利な点があること,また,本件地域に路地状開発の事例もあることから,路地状開発による開発が経済的に最も合理的な開発であるとして,本件土地は本件通達に定める広大地に当たらない旨主張する。

しかしながら,課税庁の主張する本件地域の標準的な宅地の地積の算定は誤っており,正しい地積に基づき区画割をすると本件土地は4区画又は5区画に分割して開発するのが経済的に合理的であると認められる。また,本件地域においては,路地状開発による事例もみられるものの,当該事例は道路の開設による開発がもとより困難な土地の事例であり,本件土地とは条件を異にする。他方,本件地域において本件土地と地積,形状及び公道との接続状況及び面積等並びに本件地域における近年の土地の開発状況等からすれば,本件土地については,道路を開設して戸建住宅の敷地として分譲開発するのが経済的に最も合理的な開発方法であると認められる。

したがって,本件土地は,本件通達に定める広大地として評価するのが相当である。

(1) 認定事実

請求人の提出資料,原処分関係資料及び当審判所の調査の結果によれば,次の事実が認められる。

イ 本件土地の状況等

(イ) 本件土地は,本件相続開始日において,本件被相続人の自宅の敷地の用に供されていた。

(ロ) 本件土地は,その東側で幅員約7mの公道(以下「本件東側道路」という。)に接面しており,間口距離が19.10m,奥行距離が27.83mのほぼ長方形の形状をした面積が528㎡の宅地であり,評価基本通達に基づきJ国税局長が定めた平成19年分の財産評価基準によれば,本件土地は路線価地域に存し,本件東側道路に付された平成19年分の路線価は470,000円で,その所在する評価基本通達14-2《地区》に定める地区は普通住宅地区である。

ロ 本件土地の周辺の状況等

(イ) 本件土地が属する用途区域は,第一種低層住居専用地域であり,用途地域

53 広大地評価で争われた裁決例

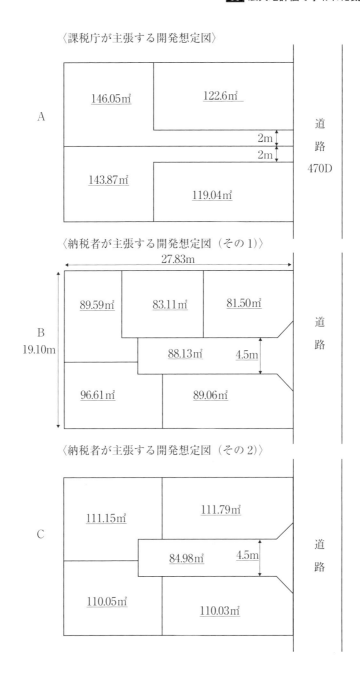

が同一で利用状況も同様であると認められる地域は，同地域のうち，ｄ市ｅ町○丁目及び隣接する同ｆ町○丁目の地域であり，当該地域は，北側はｆ中学校通り，東側は川，南側はｈ通り，西側はｊ通りで囲まれた地域であり，主として戸建住宅が立ち並ぶ地域である。

(ロ) 一方，上記(イ)の地域の周囲の地域についてみると，ｊ通り及びｈ通りの各通り沿いは用途地域が近隣商業地域であり，また，ｈ通り沿いは用途地域が第一種中高層住居専用地域である。

また，ｆ中学校通りの北側のｄ市ｋ町○丁目及び同ｆ町○丁目の用途地域は，第一種低層住居専用地域であり，本件土地が所在する地域と同一の用途地域であるが，教会や学校が多く立ち並ぶ地域である。

(ハ) 上記(イ)の地域における近年の開発状況について当審判所が調査したところによれば，従前の土地が分割され戸建住宅敷地とする開発事例は12件あり，そのうち，道路を開設する開発事例が5件，路地状開発による開発事例が4件，その他の開発事例が3件である。

そして，これらの開発事例における全区画数は58区画，これらの区画の1区画当たりの平均宅地面積は111.61㎡であり，また，90㎡以上120㎡未満の面積の宅地の区画数は34区画と全区画数の58.6％を占めている。

(ニ) 上記(ハ)に掲げた道路を開設する開発事例の5事例は，開発面積が約500㎡ないし約1,800㎡の土地において行われたものであり，宅地の区画数は4区画ないし11区画の開発事例である。

一方，上記(ハ)に掲げた路地状開発による開発事例の4事例は，いずれも一路線の公道に面した土地であり，また，そのほとんどが間口距離が短く間口距離に比べて奥行距離が長大である細長い形状の土地での事例である。また，上記4事例は開発された土地全体の面積が約280㎡ないし約400㎡の比較的小規模の面積の土地での事例であり，路地状開発により区画された区画数は路地状敷地を含めていずれも2区画又は3区画の開発である。

ハ 「標準的な宅地の地積」について

本件地域は，上記(2)のロの(ハ)ないし(ホ)のとおり，本件地域において確認できた戸建住宅敷地として開発された58区画の宅地の平均面積は111.61㎡であること，及びその面積が90㎡以上120㎡未満のものが34区画と全区画数の58.6％を占めていること等から総合的に判断すると，本件地域において本件通

53 広大地評価で争われた裁決例

達に定める「標準的な宅地の地積」は，90㎡ないし120㎡未満であると認めるのが相当である。

なお，原処分庁は，本件土地が所在する地域における開発事例のうち，一部の区画のみの面積に基づき標準的な宅地の地積を判定する等，標準的な宅地の地積の判断基準となる開発事例の選択が合理的ではないから，原処分庁の主張は採用できない。

ニ 上記のとおり，本件通達の「その地域」における標準的な宅地の地積は，90㎡ないし120㎡未満であるから，本件土地はこれに比し著しく地積が広大な土地に当たる。

ホ 本件通達に定める「公共公益的施設用地」の負担の要否について

(イ) 本件地域における本件通達に定める「標準的な宅地の地積」は，上記ロのとおり，90㎡ないし120㎡未満であると認められ，当該地積に基づいて本件土地を開発した場合，宅地の区画として4区画又は5区画の開発が想定される。

(ロ) また，本件地域における近年の開発状況等を見ると，上記(2)のロの(ハ)ないし(ホ)のとおり，本件地域においては，道路を開設した開発事例が路地状開発の事例により多く，その開発は，面積が約500㎡ないし約1,800㎡の土地で行われており，宅地の区画数は4区画ないし11区画であり，本件隣接地の開発も含まれている。

(ハ) 一方，本件地域においては，路地状開発による事例もみられるものの，当該事例は，比較的小規模な面積で間口距離に比し奥行距離が長大な細長い形状の土地や，土地の形状や公道との接続状況及び面積から見て路地状開発によらざるを得ない，道路の開設による開発がもとより困難な土地の事例であり，本件土地は上記各事例とは条件を異にする。

そして，本件地域における路地状開発は土地の面積が約280㎡ないし約400㎡程度の比較的小規模な土地においてのみ行われ，開発による区画数も路地状敷地の区画を含めて2区画ないし3区画にとどまっているところ，本件土地と地積が同規模又はそれ以上の土地で，土地の形状や公道との接続状況が本件土地と類似する土地での原処分庁が主張するような路地状開発の事例は見受けられない。

(ニ) 上記(ロ)及び同(ハ)に述べた本件地域における近年の土地の開発状況等並びに

上記(2)のイの(ロ)に述べた本件土地の形状，公道との接続状況及び面積等からすれば，本件土地は，別紙の「請求人が主張する開発想定図（その2）」のように，道路を開設して開発するのが経済的に最も合理的な開発であると認められる。
　　　したがって，本件土地は開発行為をするとした場合に公共公益的施設用地の負担が必要な土地と解すべきである。
　へ　以上によれば，本件土地は，本件通達の「その地域」における標準的な宅地の地積に比して著しく地積が広大な土地に当たり，公共公益的施設用地の負担が必要と認められることから，本件土地は本件通達に定める広大地として評価するのが相当である。
(2)　本件土地の相続税評価額について
　　以上の結果，本件土地の相続税評価額を算定すると，「請求人主張額」と同額となる。
(3)　本件更正処分について
　　以上の判断に基づき，請求人の本件相続に係る相続税の課税価格及び納付すべき税額を算出すると，それぞれ別表4の「審判所認定額」欄のとおりとなる。
　　そうすると，請求人の納付すべき税額は，同人の修正申告の額を下回るから，本件更正処分は，その全部を取り消すべきである。
(4)　本件賦課決定処分について
　　上記のとおり，本件更正処分の全部を取り消すべきであるから，本件更正処分に係る本件賦課決定処分についても，その全部を取り消すべきである。

　広大地か否かの判定根拠については，次が重要です。
　　①　近隣地域内の標準的な使われ方を分析すること。
　　②　路地状敷地として開発されている場合の面積および状況を分析していること。
　　③　土地の形状，道路との接続状況を分析して状況が類似している土地を参考にして開発想定図を描くこと。
　標準的な宅地の地積についての分析を行うと同時に，請求人の開発想定図に軍配を上げています。

53 広大地評価で争われた裁決例

【事例2：課税庁の広大地評価よりも請求人の鑑定評価額が妥当と認められた事例】（平成12年4月18日裁決）

・自動車置場として貸し付けられた土地 2,954 ㎡

〈請求人の主張と根拠〉

① 株式会社A鑑定が作成した鑑定評価額 354,480,000 円を根拠としている。

② 公示価格 124,000 円/㎡と規模の大きい土地の価格との乖離があり時価を反映していない。

③ 課税庁は評価通達に基づき 370,963,320 円と査定している。価額は客観的な時価を反映していない。

〈裁決要旨〉

請求人は，本件土地の自用地の価額は，請求人が提出した本件鑑定評価書における鑑定評価額とすべきである旨主張する。そこで，当審判所が本件鑑定評価書の内容について検討したところ，本件鑑定評価書は，取引事例比較法及び土地残余法に加え，本件土地の最有効使用である分割使用を想定した開発法を適用しており，これら三手法により求められた各価格は，いずれも適正に算定されていると認められる。また，本件鑑定評価書の決定における各価格のウエイト付けも相当であると認められる。そうすると，本件鑑定評価額は，本件土地の自用地の価額として相当であり，この価額は，原処分の額を下回ることから，本件更正処分の一部を取り消すべきである。

54 宅地転用が可能な市街地山林の評価

Q 私が父から相続した土地は市街化区域にある山林で,傾斜はあるものの宅地転用が可能ですが,水道・ガス・下水道の供給処理施設の引込み工事費用は多額になりそうです。このような市街地山林の評価はどのようになりますか?

A 宅地転用が可能な山林は宅地比準方式により評価し,広大地通達の要件を充たす場合は広大地評価が可能です。

なお,比準方式による評価が大幅に時価を下回る場合は,時価を証明するものとして鑑定評価をお勧めします。

広大地評価による価格を求める場合に,水道・ガス・下水道等の供給処理施設の整備費を含めるか否かは明確に規定されていませんが,含めない価格であると思われます。

この場合の整備費とは,各国税局の定めた宅地造成費をいいます。

(市街地山林の評価)

49 市街地山林の価額は,その山林が宅地であるとした場合の1㎡当たりの価額から,その山林を宅地に転用する場合において通常必要と認められる1㎡当たりの造成費に相当する金額として,整地,土盛り又は土止めに要する費用の額がおおむね同一と認められる地域ごとに国税局長の定める金額を控除した金額に,その山林の地積を乗じて計算した金額によって評価する。

ただし,その市街地山林の固定資産税評価額に地価事情を類似する地域ごとに,その地域にある山林を売買実例価額,精通者意見価格等を基として国税局長の定める倍率を乗じて計算した金額によって評価することができるものとし,その倍率が定められている地域にある市街地山林の価額は,その山林の固定資産税評価額にその倍率を乗じて計算した金額によって評価する。

なお,その市街地山林について宅地への転用が見込めないと認められる場合には,その山林価額は,近隣の純山林の価額に比準して評価する。

(注) 1 「その山林が宅地であるとした場合の1㎡当たりの価額」は,その付近

にある宅地について11《評価の方式》に定める方式によって評価した1㎡当たりの価額を基とし，その宅地とその山林の位置，形状等の条件の差を考慮して評価する。
2 「その市街地山林について宅地への転用が見込めないと認められる場合」とは，その山林を本項本文によって評価した場合の価額が近隣の純山林の価額に比準して評価した価額を下回る場合，又はその山林が急傾斜地等であるために宅地造成ができないと認められる場合をいう。

(広大な市街地山林の評価)
49-2　前項本文及びただし書の市街地山林が宅地であるとした場合において，24-4《広大地の評価》に定める広大地に該当するときは，その市街地山林の価額は，前項の定めにかかわらず，24-4の定めに準じて評価する。ただし，その市街地山林を24-4の定めによって評価した価額が前項本文及びただし書の定めによって評価した価額を上回る場合には，前項の定めによって評価することに留意する。

評価通達49の市街地山林とは，市街化区域にある山林をいい，原則として近隣の宅地の価額を基に宅地造成費に相当する金額を控除します。その場合，比準方式により評価します。

(1) 路線価地域内にある山林の評価

路線価 × 奥行価格補正率等（位置，形状等の条件差） = 宅地であるとした場合の1㎡当たりの価格

{宅地であるとした場合の1㎡当たりの価格 − 1㎡当たりの宅地造成費} × 地積 = 評価額

近傍宅地の1㎡当たりの固定資産税評価額 × 宅地の評価倍率 = 近傍宅地の1㎡当たりの評価額

(2) 倍率地域内にある市街地山林の評価

| 近傍宅地の1㎡当たりの評価額 | × | 位置,形状等の条件差 | = | 宅地であるとした場合の1㎡当たりの価格 |

{ 宅地であるとした場合の1㎡当たりの価格 − 1㎡当たりの宅地造成費 } × 地積 = 評価額

☞ 課税当局は広大地評価を要求してくる場合が多いが，筆者は，広大地評価よりも鑑定評価が下がるため，相続税の申告時には鑑定評価書を使うケースが多い。

コラム＊7

不動産鑑定が重要な証拠になる

　市街化調整区域内にある山林や田畑は，農地法等の制約があるため売却できない場合が多く，また売却できたとしても相当低い価格になります。

　納税者からは，固定資産税がこんなに低いのに，なぜ相続税の評価額はこんなにも高くなるのかという疑問が多く寄せられます。

　相続人からすると，山林や畑は先祖代々から保有しているもので，売却する意思は全くないのが実情です。

　筆者も，相続税の申告の際，市街化区域に近い市街化調整区域内の山林の評価がなぜこんなに高いのだろうかと疑問をもっています。

　売ろうとしても売れず，物納しようとしてもそれもできない土地を相続した場合，納税者は極めて苦しい状況におかれます。

　また，市街化区域であっても，宅地転用が見込めない山林は純山林として評価してよいとされており，純山林として評価すると極めて低い価格になるため，筆者は，できるだけ不動産鑑定士に評価を依頼するように納税者に薦めています。

　評価通達によって求めた評価額が市場価格と乖離している場合，納税者がその土地の個別性を証明しなければならず，その場合，不動産鑑定が重要な証拠となります。

55 市街地山林を宅地化する場合の造成費

Q 私は父から，傾斜度が20度ある市街地山林を相続しました。東京国税局管内では，傾斜度が15度超20度以下の山林の宅地造成費は最高41,300円/㎡であると聞いています。水道・ガス・下水道等の供給処理施設の引込み工事費用を入れると，70,000円/㎡程度はかかると言われました。路線価から41,300円/㎡を差し引いて申告をしなければいけないのでしょうか？

A 路線価地域にある山林は，その傾斜度や道路との接面状況によってかなり価格が変わるのが一般的です。時価が路線価評価，広大地評価を下回る場合は，鑑定評価による申告をお勧めします。

市街地山林の評価で問題になるのは造成費です。評価通達では，傾斜度が15度超20度以下の場合の最高造成費は41,300円/㎡ですが，現実的ではありません。

市街地山林を開発する場合は，道路との接面状態を良くするための道路買収費や，宅地として利用するための水道・ガス・下水道の引込み工事費用が必要であり，4万円/㎡～8万円/㎡前後の費用がかかるのが一般的です。

用地取得から開発申請，造成工事，宅地分譲と長期間がかかるため，評価通達の造成費等では対応できないケースが多く，時価の算定に当たっては鑑定評価が必要な場合が多いでしょう。

路線価地域内にある山林であっても，道路との接面状況によってはかなりの価格差が出る場合が多く，その場合の時価の算定にあたっては不動産鑑定士の活躍が望まれます。

最近の戸建住宅の開発動向を見ても，平坦地で造成費が比較的かからないミニ開発が多く，大規模開発は陰を潜めているのが現状です。

投資採算性から見ても，よほど低い価額で市街地山林を買収しないと採算が

合わないケースが多いといえます。

〈傾斜地の宅地造成費〉

傾斜度	金　額
3度超　5度以下	10,600円／㎡
5度超10度以下	18,300円／㎡
10度超15度以下	25,300円／㎡
15度超20度以下	41,300円／㎡

(東京国税局管内に所在する土地の評価用〈平成28年度〉)

☞ **傾斜度が20度以上の場合は，造成費を実額で計上してよいと思われます。造成費は業者によりまちまちであり，複数の会社から見積りを取りますが，国税局が示した造成費では対応できない場合が多いといえます。**

56 宅地転用が困難な市街地山林は純山林として評価できる

Q 私が父から相続した自宅の裏山は傾斜度が40度前後の急斜面で、急傾斜地崩壊危険区域に指定されています。路線価は「270D」で査定されているため、相続税はかなりの高額になります。その場合でも路線価で申告しなければならないのでしょうか？

A 宅地の価額より宅地造成費の方が高く、宅地への転用が見込めない急斜面地等のように宅地比準方式の適用に合理性が認められない場合は、近隣の純山林の価額で評価できます。

その評価額は、評価通達で評価した場合の2/100位まで下がることがあります。

比準方式にある市街地山林とは、市街化区域内にある山林をいいます。

従来、近隣宅地の価額を基に宅地造成費に相当する額を控除して求めていましたが、かえって造成費の方が多額になるため、開発してもマイナスになるケースがあります。

市街地山林には、宅地化にあたっては多額の造成費を要するため採算が合わないものや、宅地化が見込めない急傾斜地等があります。

宅地比準方式を適用すること自体に合理性が認められない場合は、評価の明確化等の観点から、純山林の価額に比準して評価することとされています。

横浜市の場合は、地域によって異なりますが、純山林は233.9円/㎡(注)と極めて低い価額であり、評価通達の2/100位まで下がることがあります。

(注) 厚木市の山林の価額を基に査定しており、純山林の価額は市町村によって異なります。

57 市街地山林を純山林として評価した場合より市街化調整区域の倍率評価が高くなるケース

Q 私は父から，市街化区域内の山林と，市街化調整区域内の土地を相続しました。前者は純山林の評価を，後者は倍率で評価したところ，後者の土地の評価額の方が高くなりましたが，これで正しいのでしょうか？

A 市街化区域の純山林の方が安くなるケースが多いといえます。純山林の倍率を高くしないと，相続税評価のバランスがとれません。

宅地化が見込めない市街地山林か否かは，経済的合理性とその形状の2つの観点から判定します。

① 経済的合理性の観点から判定する場合

| 山林が宅地であるとした場合の1㎡当たりの価額 | − | 宅地転用に通常必要と認められる1㎡当たりの造成費に相当する金額(注) | ＞ | 近隣の純山林の価額に比準した1㎡当たりの金額 |

(注) 造成費は，整地盛土または土留めに要する費用の額が概ね同一と認められる地域ごとに国税局長の定める金額を控除した金額に，その山林の地積を乗じて計算した金額によって評価します。東京国税局管内に所在する土地の造成費は，たとえば傾斜度が15度超20度以下の場合は41,300円/㎡です。

② 形状から判定する場合

宅地造成が不可能な形状の例として，急傾斜地崩壊危険区域があります。
下図は，市街地山林価額＜造成費相当額となり，造成費の方が上回るため開発しても採算的にマイナスになるケースです。

一般には，市街地山林は最寄り駅に近く，周辺地域はほとんど宅地化されています。横浜市での筆者の経験からいえば，市街地山林を純山林で評価した場合，市街化調整区域の山林よりも立地条件が良好で利用価値が高いにもかかわらず，市街化調整区域の山林よりも低くなるという逆転現象が出ています。

57 市街地山林を純山林として評価した場合より市街化調整区域の倍率評価が高くなるケース

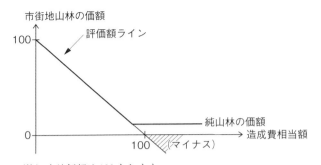

(注) 宅地価額は 100 とします。

　都市計画上，市街化調整区域は市街化を抑制する地域であり，市街化区域は概ね10年以内に優先的かつ計画的に市街化を図るべき区域とされています。

　したがって，傾斜等の形状条件が同じ山林であれば，市街化調整区域の山林よりも立地条件が比較的良好な市街化区域の純山林の方の固定資産税や相続税の額が高くならないとバランス上おかしいことになります。

　下記は，市街化調整区域の山林の方が市街地山林よりも高くなる事例です。

〈市街化調整区域の山林〉

　面　積　　　　：6,910㎡
　評価方式　　　：倍率方式
　倍　率　　　　：中95倍
　固定資産税評価額：365,813円／㎡
　評価額　　　　：365,813円／㎡×95倍＝34,752,235円（5,029円／㎡）

〈純山林として評価した場合〉

　　　　　　233.9円(注)×6,910㎡＝1,616,249円
　　　　　　34,752,235円÷1,616,249円＝21.5倍

　　(注)　課税庁が示した金額で，場所や年度によって変わる可能性があります。

　市街化調整区域の山林よりも市街化区域の純山林のほうが21.5倍低くなる計算です。開発の潜在価値がある市街地山林よりも，都市計画の変更がない限り，開発ができない市街化調整区域の山林のほうがはるかに高いことになります。したがって，調整山林を低くするか，純山林を高くしないと，相続税申告のバランスがとれないことになります。

58 純山林か否かの判断基準と開発法

Q 私が父より相続した市街化区域の土地は，傾斜度が40度の急傾斜地崩壊危険区域にあり，開発にはかなりの造成費が必要です。税理士の話では，純山林として評価した場合は，相続税額がかなり減少するとのことです。しかし，否認された場合は，多額の追徴税がとられないかが心配です。純山林か否かの判断基準と，開発法について説明してください。

A 評価通達では，市街地山林を宅地比準して求めた価額から国税庁が定めた造成費を差し引いた価額が，近隣の純山林の価額に比準して評価した価額を下回る場合は，純山林として評価してよいと規定されています。

| 山林が宅地であるとした場合の価額 | － | 国税庁が定めた造成費 | ＜ | 近隣の純山林の価額に比準して評価した価額 |

横浜市では地域によって異なりますが，純山林として評価した場合は233.9円/㎡でよいことになり，納税者にとっては極めて有利になります。

国税庁方式により求めた価格には，水道・ガス・下水道等の供給処理施設費に造成費が含まれていないため，ハードルはかなり高くなります。

筆者が以前に純山林として申告した場合も，国税調査官から広大地通達を適用したらどうかと言われたことがありました。

税理士が純山林として申告して否認された場合は，延滞利息等の費用がかなりかかるため，不動産鑑定士の力が必要となるでしょう。

開発法とは，宅地の販売総額を価格時点に割り戻した額から，土地の造成費および発注者が直接負担すべき通常の付帯費用を価格時点に割り戻した額を控除して求める方法です。

| 分譲収入 | － | 宅地造成工事費 | － | 販売費及び一般管理費 | － | 販売利益 | ＝ | 開発法による価格 |

開発法は，実際の開発を前提とした投資価格を検討して市街地山林を開発した場合に，採算に合うかどうかによって判断します。

　開発法の価格がマイナスになっている場合は，採算価格がマイナスであるため，市街地山林を開発しても採算が合わないことになり，その場合は純山林として評価します。

　評価通達49では，「整地土盛り土留め費用のみ」を造成費としていますが，開発業者がその土地を開発する場合は，残土搬出，汚水排水工，ガス工事，測量等の費用に間接工事費等を加算して意思決定をします。

　国税庁方式による造成費には，水道・ガス・下水道等の供給処理施設の工事費用は含まれていません。

　開発法では，宅地としてすぐに利用できる場合の価額を求めているため，より理論的であるといえます。

　かつてバブル期には，市街地山林に開発業者が押しかけたケースもありましたが，最近は，傾斜度が30度前後の市街地山林は採算が合わないため，多くが山林のままで残っています。

　純山林として認められない面積が比較的広い市街地山林の相続時の時価を求める場合は，不動産鑑定士の力が必要となります。

　造成後の宅地分譲収入から造成費等を控除して投資採算を分析し，マイナスになれば純山林としての評価ができます。

　なお，相続税申告の際には，純山林としての評価証明が必要です。

59 開発法による純山林の評価

Q 開発法を使って純山林を評価した具体例を紹介してください。

 開発法の価格がマイナスになることの証明が必要です。
　以下の事例では、［収入－支出］がマイナスとなり、事業が成立しないことの証明となっています。

純山林としての評価が可能です。

宅地造成費等の費用が開発法を適用した場合の分譲収入を上回るケースでは、

$$\underset{(収入)}{196{,}432{,}236\ 円} - \underset{(支出)}{250{,}077{,}769\ 円} = \triangle\,53{,}645{,}533\ 円$$

のように、開発しても△53,645,533円の赤字が出るため純山林として評価します。

開 発 法 適 用 表

　　完成後の宅地：130㎡程度で11区画
　　地形：急傾斜地崩壊危険区域に指定されており傾斜度35度前後
　　道路買収費：開発するためには一部道路の買収費が必要

1　開発計画の概要

①総面積	2,476.00㎡	(100.0%)
②公共潰れ地	1,046.00㎡	(42.2%)
道　路　部　分	1,041.00㎡	(42.0%)
ご　み　集　積　場	5.00㎡	(0.2%)
公　　　園	0.00㎡	(0.0%)
――――	0.00㎡	(0.0%)
③有効面積（①－②）	1,430.00㎡	(57.8%)
④分譲総区画数	11区画	
⑤一区画当たりの平均画地面積	130㎡	

2 収支計画

費　目	金　　　額
分　譲　収　入	130㎡ × 180,000円/㎡ × 11区画 = 257,400,000円
宅地造成工事費等	造成工事費試算表より査定　　　　268,166,000円 道路買収費 = 24m × 0.7m × 200,000円/㎡ = 3,360,000円
販売費及び一般管理費	257,400,000円　　×　　5%　　=　　12,870,000円 ［分譲収入の5%を計上］
投下資本利益率	年12.0%と査定

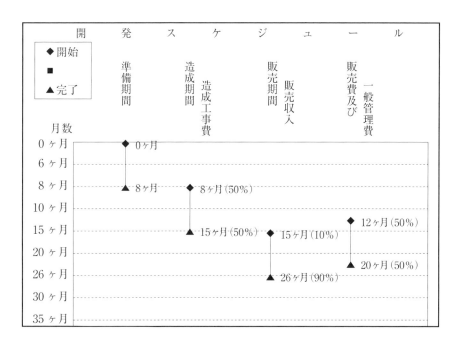

3 試算

費用		割合	金額(円)	割引期間	複利現価率	複利現価(円)
収入	売上総収入	10%	25,740,000	15ヶ月	0.8517	21,922,758
		90%	231,660,000	26ヶ月	0.7533	174,509,478
		—	—	—	—	—
	合計	—	257,400,000	—	—	196,432,236
支出	造成工事費 (注1)	50%	135,763,000	8ヶ月	0.9110	123,680,093
		50%	135,763,000	15ヶ月	0.8517	115,629,347
	販売費及び一般管理費	50%	6,435,000	12ヶ月	0.8762	5,638,347
		50%	6,435,000	20ヶ月	0.7972	5,129,982
		—	—	—	—	—
	合計	—	284,396,000	—	—	250,077,769

開発法による価格(円)	収入 − 支出	△ 53,645,533 (注2)

(注1) 造成工事費等の中に道路買収費が含まれている。
(注2) 開発法による価格がマイナスになる。

造成工事費試算表

項目			摘要	数量	単価(円)	金額(円)
直接工事費	土工事	伐採・伐根		2,476.00㎡	6,000	14,856,000
		盛土転圧		2,476㎡	300	743,000
		切土		2,476㎡	350	867,000
		残土搬出 (注1)		9,904㎡	7,500	74,280,000
		整地・法面工		1,430.00㎡	450	644,000
		壁面撤去費用				0
		小計				91,390,000
	道路工事	アスファルト舗装		1,041.00㎡	11,500	11,972,000
		小計				11,972,000
	汚水排水工	ヒューム管布設工		190m	6,000	1,140,000
		汚水人孔工		11ヶ所	190,000	2,090,000
		宅地汚水舛		11ヶ所	41,000	451,000
		小計				3,681,000
	雨水排水工	浸透管		190m	7,300	1,387,000
		雨水人孔工		11ヶ所	276,000	3,036,000
		宅地雨水舛		11ヶ所	40,000	440,000
		L形側溝		190m	6,600	1,254,000
		街きょます		4ヶ所	86,000	344,000
		小計				6,461,000

59 開発法による純山林の評価

				数量	単価	金額
直接工事費	ガス工事	ガス管		190m	30,000	5,700,000
		小　　計				5,700,000
	擁壁工事	鉄筋コンクリートL型擁壁	H=8(注2)	95m	625,000	59,375,000
			H=6	0m	468,000	0
			H=5	0m	340,000	0
			H=4	0m	220,000	0
			H=3(注3)	50m	180,000	9,000,000
			H=2	0m	125,000	0
			H=1	0m	88,000	0
		小　　計				68,375,000
	階段工事	取付工事		11ヶ所	250,000	2,750,000
		小　　計				2,750,000
	公園等工事	公園・ごみ置場工事		000.00㎡	11,500	0
		小　　計				0
	地盤改良工事	地盤改良工事		1,481.00㎡	3,000	4,443,000
		小　　計				4,443,000
	地下車庫	取付工事		11ヶ所	2,000,000	22,000,000
		小　　計				22,000,000
	緑　地　化　工　事					0
	合　　　　計					216,772,000

	項　　　　目		摘　要	数　量	単価(円)	金額(円)
純工事費	測量・準備	測量・準備		1式	2,000,000	2,000,000
		小　計				2,000,000
	運搬費	運搬雑費		1式	2,000,000	2,000,000
		小　計				2,000,000
	仮設費	仮　設　費		1式	1,500,000	1,500,000
		小　計				1,500,000
	片付け・清掃	片付け・清掃		1式	1,200,000	1,200,000
		小　計				1,200,000
	合　　　　計					6,700,000
	間　接　工　事　費		(直接工事費＋純工事費)×20%			44,694,000
	合　　　　計					268,166,000
						(108,306円/㎡)

(注1) 道路勾配12%を維持するため，多額の残土搬出が必要である。
(注2) 急傾斜地崩壊危険区域のため西側に約8mの擁壁が必要である。
(注3) 対象不動産より南側における階段状の道路部分に約3mの擁壁が必要である。

60 幅員6mの開発道路が257m必要で，傾斜度が40度余の土地が純山林と評価されたケース

Q 私は父から，傾斜度が40度の市街地山林を相続しました。公道までの約100mの取付道路は他人が所有しており，囲繞地通行権が設定されています。純山林として申告をしようと思っていますが，同じような事例がありましたら紹介してください。

A ご質問のケースは，純山林として申告できると思います。
下記に純山林として申告した筆者のケースをご紹介します。

地　　積：3,866㎡
利用状況：山林
地　　目：山林
評価方式：評価通達の広大地の評価
路 線 価：160D
評 価 額：251,568,352円
広大地評価：160,000円/㎡

$$160{,}000 \text{円}/㎡ \times \left(0.6 - 0.05 \times \frac{3{,}866㎡}{1{,}000㎡}\right) \times 3{,}866㎡ = \underline{251{,}568{,}352 \text{円}}$$

無道路地で開発道路を入れなければ宅地として利用できない。
最大傾斜度は40.2°である。
急傾斜地崩壊危険区域に指定されている。
多額の造成費が必要で，開発してもマイナスが生じる。
したがって，純山林として評価すると，大幅な評価減となる。

60 幅員6mの開発道路が257m必要で,傾斜度が40度余の土地が純山林と評価されたケース

〈平面図〉

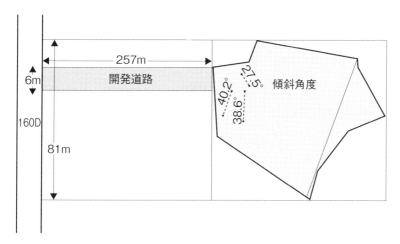

第1種低層住居専用地域(建ぺい率50%,容積率80%)

〈立面図〉

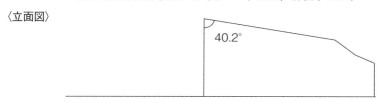

(純山林の単価)
270円/㎡(注) × 3,866㎡ = 1,043,820円

$$\frac{1,043,820 円}{251,568,352 円} \times 100 \fallingdotseq 0.4\%$$

上記のとおり,広大地評価額の0.4%と,きわめて低い価額になります。

(注) Y市の平成24年度の金額であり,年度によって変わる可能性があります。

61 崖地補正率と宅地造成費との重複適用は認められない

Q 私は父から，利用価値がほとんどなく，建物がまったく建てられない崖地を相続しました。評価通達の崖地補正率では，崖地の地積が全体の90％以上で，北側崖地の場合の評価額は53％を乗じて求めると規定されているのに，建物の建築ができない区分地上権に準ずる地役権は50％または借地権割合の高い方で評価されていると聞きました。崖地補正率と宅地造成費との重複適用は認められますか？

A 崖地補正率と宅地造成費の控除との重複適用は認められていません。宅地造成等規制法施行令1条2項では，「『崖』とは，地表面が水平面に対して30度を超える角度をなす土地」と定義されています。

また，評価通達でいう「崖地」とは，通常の用途に供することができない土地をいい，その中には急斜面や，高低差が著しい土地が含まれます。

崖地の評価は，鑑定評価により時価を査定した方がよいケースが多くあります。

> （崖地等を有する宅地の評価）
> 20-4　崖地等で通常の用途に供することができないと認められる部分を有する宅地の価額は，その宅地のうちに存する崖地等が崖地等通常でないとした場合の価額に，その宅地の総地積に対する崖地部分等通常の用途に供することができないと認められる部分の地積の割合に応じて付表8「崖地補正率表」に定める補正率を乗じて計算した価額によって評価する。

私見では，「土地価格比準表」のように，利用不可能な崖地と利用可能な崖地を分けて，前者については崖地補正率を大きくし，後者については崖地補正率と宅地造成費の控除との重複適用を認めるべきであると考えます。

61 崖地補正率と宅地造成費との重複適用は認められない

〈がけ地補正率表〉

がけ地地積／総地積	南	東	西	北
0.10 以上	0.96	0.95	0.94	0.93
0.20 〃	0.92	0.91	0.90	0.88
0.30 〃	0.88	0.87	0.86	0.83
0.40 〃	0.85	0.84	0.82	0.78
0.50 〃	0.82	0.81	0.78	0.73
0.60 〃	0.79	0.77	0.74	0.68
0.70 〃	0.76	0.74	0.70	0.63
0.80 〃	0.73	0.70	0.66	0.58
0.90 〃	0.70	0.65	0.60	0.53

(注) がけ地の方位については，次により判定する。
 1 がけ地の方位は，斜面の向きによる。
 2 2方位以上のがけ地がある場合は，次の算式により計算した割合をがけ地補正率とする。

$$\frac{\begin{array}{l}\text{総地積に対するが}\\ \text{け地部分の全地積}\\ \text{の割合に応ずるA} \\ \text{方位のがけ地補正}\\ \text{率}\end{array} \times \begin{array}{l}\text{A方位の}\\ \text{がけ地の}\\ \text{地積}\end{array} + \begin{array}{l}\text{総地積に対するが}\\ \text{け地部分の全地積}\\ \text{の割合に応ずるB}\\ \text{方位のがけ地補正}\\ \text{率}\end{array} \times \begin{array}{l}\text{A方位の}\\ \text{がけ地の}\\ \text{地積}\end{array} + \cdots\cdots}{\text{がけ地部分の全地積}}$$

 3 この表に定められた方位に該当しない「東南斜面」などについては，がけ地の方位の東と南に応ずるがけ地補正率を平均して求めることとして差し支えない。

　崖地補正率は相続税課税の資料として作成されたものであり，この補正率表には水道・下水・ガス等の供給処理施設の工事費用は含まれていません。

　崖地とは，土地が傾斜しているため，平坦地に比し有効利用が阻害されており，その阻害の程度が一定限度を超え，平坦地に比し有効利用度が質的に異なるもの，と定義されています。

　評価通達では時価との乖離が著しくなり，鑑定評価の方が相続税額よりは大幅に減少します。

◆**崖地格差率表**（「土地価格比準表」）

区別	①崖地部分と平坦宅地部分との関係位置・方位			②崖地の傾斜の状況		備　考
	崖地と平坦宅地部分との関係位置	傾斜方位	格差率	有効利用の方法	格差率	
利用不可能な崖地 （傾斜度 15°以上）	下り崖地（法地）崖地部分が対象地内で下り傾斜となっている場合	南 東 西 北	50～80 40～60 30～50 10～20	イ．崖状を呈し、庭としての利用は殆ど不可能 ロ．人工地盤により宅地利用も可能であるが、通常の住宅建築は不可能	60～70	崖地の格差率は、崖地部分と平坦宅地部分との関係位置・方位による格差率に崖地の傾斜の状況による格差率を乗じて求める。 (1) 本表の格差率は、平坦宅地部分を100とした場合の格差率である。 (2) 崖地で2m以下の高さの擁壁又は0.6m以下の土羽の法地部分については、これを本表の崖地等として取り扱わない。 (3) 崖地部分が対象地内で上り傾斜となっている上り崖地については、別途その状況を判断して格差率を求める。
利用可能な崖地	下り崖地（法地）	南 東 西 北	70～90 55～70 50～60 40～50	通常の基礎を補強すれば、住宅建築が可能であるが、崖地を直接庭として利用することは安全性からみて不可能	80～90	

62 鑑定評価をすればかなり低い価額になる崖地のケース

Q 私が父から相続した土地は傾斜度が15度の崖地で，広大地評価によると約1億2,000万円になります。誰も買わないような土地を，こんなに高い評価額で申告するのは納得がいきません。

鑑定評価による申告をおすすめします。
下図は筆者が相談を受けた事例です。
　C地はほとんど利用価値がなく，主にB地の価格である3,765万8,000円で申告し認められました。

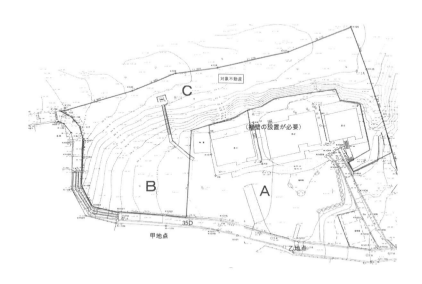

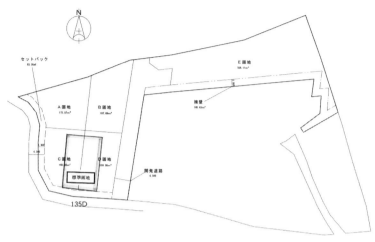

【立面図（B地点から）】

135D　道　路

【立面図（A地点から）】

→ 擁壁の設置が必要

宅地（自宅）　　　道　路

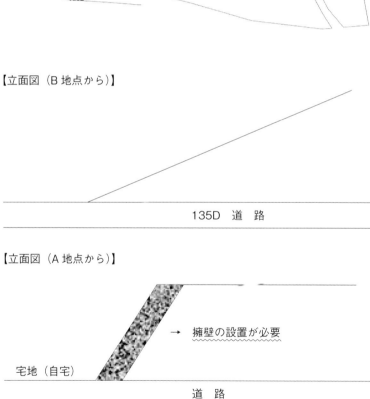

62 鑑定評価をすればかなり低い価額になる崖地のケース

〈広大地通達による評価〉

$$135,000 \text{円}/\text{m}^2 \times \left(0.6 - 0.05 \times \frac{1,756\text{m}^2}{1,000\text{m}^2}\right) \times 1,756\text{m}^2 ≒ \underline{121,422,132 \text{円}}$$

〈鑑定評価〉

A地は，自宅のある土地で平坦な宅地です。

B地は傾斜度が5度で，前後の山林部分の傾斜度は15度です。

画地認定に当たっては，A地とB地，C地を分けなければなりません。

実際に利用可能なのは，A地とB地のみです。

A地，B地，C地の全体を開発する場合は擁壁の設置が必要であり，急傾斜地の部分が入るため価格は大幅に下がるのが一般的です。

横浜市では，0.1 ha以上0.3 ha未満の土地を戸建住宅地として開発する場合は，接続道路の幅員が4.5 m以上必要です。

この全体地は接続道路を4.5 mまで拡幅する必要があります。

この事例は，評価通達よりも鑑定評価を使った方が大幅に価格が下がるケースです。

傾斜地，セットバック，道路との高低差との減価をして求めた比準価格4,162万5,000円と開発法の価格3,369万1,000円を等しく採用して，鑑定評価額を3,765万8,000円と決定しました。

63 道路との高低差が約15mある崖地を含む土地の評価で鑑定評価が採用された事例

Q 私が父から相続した市街化区域にある面積1,801㎡の土地は,幅員5mの道路との高低差が約15m余りの崖地です。税理士からは広大地評価で1億3,000万円の評価額と言われています。こんなに高い額で申告しなければならないのでしょうか？

A このご質問は,1億3,000万円の広大地評価に対して,筆者が7,564万円で鑑定評価をし,申告是認を受けた事例です。道路との高低差がある崖地は,鑑定評価により評価額を下げることが可能です。

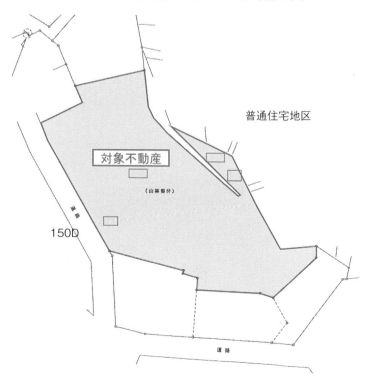

63 道路との高低差が約15mある崖地を含む土地の評価で鑑定評価が採用された事例

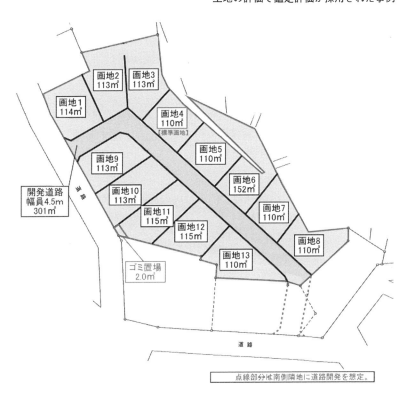

【道路側からみた立面図】

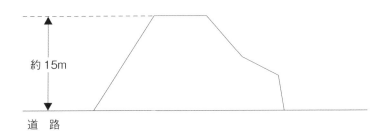

〈広大地通達による評価〉

$$150,000 円/㎡ \times \left(0.6 - 0.05 \times \frac{1,801㎡}{1,000㎡} \right) \times 1,801㎡ = \underline{137,762,993 円}$$

〈鑑定評価〉

　比準価格は形状・傾斜地・高低差で減価して7,564万2,000円，開発法による価格は7,380万円と求められましたが，最終的には比準価格を採用して7,564万2,000円と決定しました（詳細は略します）。

〈比準方式による評価（評価通達による評価）〉

　　　　　　　　　　　（奥行価格補正率）　（不整形地補正率）
　　150,000円/㎡　×　　　0.98　　　×　　　0.92　　≒　135,240円/㎡

　　　　　　　　　　　　　（宅地造成費）
　　　　　　135,240円/㎡ － 41,300円/㎡ ＝ 93,940円/㎡

$$93,940 円/㎡ \times 1,801㎡ = \underline{169,185,940 円}$$

　道路との高低差があり，しかも崖地，傾斜地を含む土地は，鑑定評価の方が大幅に価格が下がります。

　開発法の価格が比準価格よりも大幅に低くなったケースです。

　崖地部分があるため，擁壁の設置費用が高くつき，広大地通達による評価，比準方式による評価よりも鑑定評価の方が低くなります。

　なお，宅地造成費の41,300円/㎡は，平成28年度の東京国税局管内の金額です。

64 傾斜度が30度を超える斜面地で評価通達ではなく個別評価が認められた事例

Q 私は父から，傾斜度が30度以上で，ほとんど利用価値のない土地を相続しました。市街化区域にあるにもかかわらず，誰も買いたいとはいいません。税理士からは，1,100万円の評価額だと言われました。そのような土地であっても，1,100万円で申告しなければならないのでしょうか？ 国税不服審判所の裁決で同じような事例がありましたら，ご紹介ください。

 傾斜度が30度を超える土地は，評価通達ではなく個別評価が相当として，納税者の主張を認めた裁決例があります（平成14年3月27日裁決）。

〈納税者の主張〉
① 傾斜度が30度を超えるため個別評価にすべきである。
② 客観的交換価値はゼロである。

〈課税庁の主張〉
　傾斜度が29度のため個別評価に該当せず，造成費は宅地としての価額の50％を限度とする。見積額は50％を超えないため，評価通達による1,100万円と評価するのが妥当。

〈国税不服審判所の判断〉
① 傾斜度が30度を超える土地は評価通達に定める方式ではなく個別評価が妥当である。
② 宅地開発する場合に多額の造成費を要すると見込まれ，仮に宅地に転用したとしても十分な地積を確保することができない。
③ 宅地としての客観的交換価値があると認めることができない。
④ 宅地比準方式による評価をすることができない。

> ⑤ 通達の定めを適用して評価することに特に不都合と認められる特段の事情がある。

　実務的には，傾斜度が30度前後の土地は開発が不可能か，開発しても造成費が多額にかかるため不動産業者は開発しないでしょうし，開発してもマイナスの場合があります。その場合は，純山林の評価となります。

　通常，斜面地は崖地を含む傾斜地の場合が多く，利用可能な崖地については，崖地補正率と宅地造成費の控除とは判断を異にするものではなく，両者は共通的に必要な場合が多いといえます。

　したがって，私見ですが，崖地であって造成費が必要な場合は両者を控除対象として認めるのが妥当でしょう。

　傾斜度が15度〜20度の場合は，国税庁の宅地造成費の最高額の41,300円/㎡では対応できない場合が多いといえます。

　傾斜度が20度以上の場合の造成費については示されていないことから，個別に検討することが求められているものと思われます。その場合は，純山林として評価するケースもあれば，造成費をかけることにより宅地となるケースもあります。

　したがって，開発にあたっての費用性については，鑑定評価によって時価を求めなければならない場合が多いでしょう。

65 驚くべき相続税額の減少をもたらすタワーマンション

Q 高齢の父はかなりの資産を持っており，相続税対策として，都心のタワーマンションの購入を不動産業者から勧められています。借入金で購入し，相続が発生したら売却すればよいとのことですが，そんなことができるのでしょうか？

　タワーマンションが相続税対策に効果があるのは，市場価額と相続税評価額との間に大きな乖離があるためです。

マンションのように区分所有している建物の評価は，土地は全体の評価額×敷地持分権，建物は固定資産税評価額で評価されるため，購入価額よりも評価通達の評価額は極めて低くなります。

（区分所有財産）
3　区分所有に係る財産の各部分の価額は，この通達の定めによって評価したその財産の価額を基とし，各部分の使用収益等の状況を勘案して計算した各部分に対応する価額によって評価する。

マンションのように区分所有している建物の評価は，その建物1棟の評価額をまず算出し，次に，その専有部分を使用等の状況に応じて按分し，また共用部分をたとえば専有部分の床面積割合で共有しているのであれば，その部分をその割合で評価することになります。

| 評価通達で評価した土地価額 | × | 敷地持分権 | ＋ | 建物価額 | ＝ | 評価額 |

タワーマンションの土地の評価額が極めて低いのは，敷地持分権が多くの区分所有者に細分化されて評価されるからです。建物の固定資産税評価額は建物原価の半分くらいであり，相続時には購入価額より低く評価され，節税対策に有効です。しかも賃貸に供していた場合は，さらに貸家建付地減価の特例が適用されます。

66 タワーマンションは，鑑定評価では時価を反映するのに，評価通達では時価を反映していない

Q 先日，タワーマンションの鑑定評価をとったところ，相続税評価額の5倍でした。なぜ，こんなに違うのでしょうか？

A 鑑定評価では，原価法（同じものをつくるときにいくらか：積算価格），取引事例比較法（同じようなタワーマンションはいくらで売買されるか：比準価格），収益還元法（賃貸に供した場合はいくらで貸せるか：収益価格）の3手法で価額が決定されているのに対して，評価通達では，タワーマンションの上層階に行くほど高くなるという階層別効用比や，日照等を考慮した位置別効用比は全く反映されておらず，［土地（路線価）×敷地持分権＋建物固定資産税評価額］で計算されています。

不動産鑑定評価基準では，次のように規定されています。

---

2. 区分所有建物及びその敷地の鑑定評価
  (1) 専有部分が自用の場合

   区分所有建物及びその敷地で，専有部分を区分所有者が使用しているものについての鑑定評価額は，積算価格，比準価格及び収益価格を関連づけて決定するものとする。

   積算価格は，区分所有建物の対象となっている一棟の建物及びその敷地の積算価格を求め，当該積算価格に当該一棟の建物の各階層別及び同一階層内の位置別の効用比により求めた配分率を乗ずることにより求めるものとする。

区分所有建物及びその敷地の積算価格
　＝一棟の建物及びその敷地の積算価格×階層別効用比率×位置別効用比率

66 タワーマンションは,鑑定評価では時価を反映するのに,評価通達では時価を反映していない

階層別効用比率
$= \dfrac{対象建物の存する階の階層別効用比 \times 対象建物の存する階の専有面積}{(各階の階層別効用比 \times 各階の専有面積)の合計値}$

位置別効用比率
$= \dfrac{対象建物の位置別効用比 \times 対象建物の専有面積}{(対象建物の存する階の各戸別の位置別効用比 \times 各戸の専有面積)の合計値}$

(2) 専有部分が賃貸されている場合

　区分所有建物及びその敷地で,専有部分が賃貸されているものについての鑑定評価額は,実際実質賃料(売主が既に受領した一時金のうち売買等に当たって買主に承継されない部分がある場合には,当該部分の運用益及び償却額を含まないものとする。)に基づく純収益等の現在価値の総和を求めることにより得た収益価格を標準とし,積算価格及び比準価格を比較考量して決定するものとする。

　上記のように,鑑定評価では,専有部分が賃貸に供されている場合は収益価格を標準とし,自用の場合は積算価格,比準価格,収益価格を関連づけて決定するものとしています。

　間取りや仕上げの程度が同一であっても,日照,通風,採光や騒音の程度によって,マンションの価額は大きな影響を受けます。

　マンションは,下層階よりも上層階に人気があり,南東や南西の角部屋は特に人気があります。

　評価通達ではこのような点は一切考慮されていませんが,鑑定評価では考慮されています。

　また,評価通達が建物価格に固定資産税評価額を使用しているのに対し,鑑定評価では建物の再調達原価を査定し,耐用年数と観察減価法を採用して減価修正をすることにより,積算価格を求めています。

　マンションの取引事例からみて,土地・建物価格の固定資産税評価額の合計額を考慮して買う人がどれだけいるでしょうか。

　たとえば,3階の部屋が4,000万円で取引された場合,同じマンションの5階の部屋の売出価格を決めるときは,上層階であるため高目の4,050万円と価

格を決めているのが普通です。

したがって，中間部分の価格を決めて，上層階はプラス，下層階はマイナスしていくのが妥当な評価方法です。

☞ 165ページのコラムで紹介したタワーマンションの固定資産税の改正は，2018年度から（2017年4月1日以降に売買契約が始まるマンション）実施されます。多くが1億円以上するタワーマンションの購入者は富裕層が中心であり，この程度の増税の影響は軽微でしょう。現在，タワーマンションの相続税改正案が検討中のようです。

コラム＊8

国税調査官は預金の動きを見張っている！

筆者の経験から言えば，相続税の税務調査では，預金，有価証券等は徹底的に調べられると言ってよいでしょう。

預金の出し入れは，金融機関でほとんど把握されます。納税者番号（マイナンバー）制度の導入により，さらに把握が容易になるでしょう。

筆者が申告を担当した相続人が銀行の担当者から聞いた話しでは，預金の動き等の調査に国税調査官が6回くらい銀行に来たそうです。

税務調査は，申告後2年以内に来ることが多いといえます。

まず税理士に連絡があり，立会いに都合の良い日を決定します。

預金等は多くは事前に調査しています。

多額の相続では，経験豊富な調査官が来ます。

筆者のケースでは，12年前の預金の移動について聞かれたことがありました。12年前には私は顧問税理士ではなかったため，その移動を把握していませんでしたが，幸いにも相続人が当時の資料を保存していたため，その預金の移動については説明できました。

また，相続が発生する直前に土地や建物等の譲渡があった場合で，税務当局は申告によって譲渡所得を把握しており預金が残っていない場合は，その預金の使途について説明を求めてきます。

67 タワーマンションが相続税対策として大きな節税効果をもつ仕組み

 タワーマンションを使った相続税対策の仕組みを具体的に説明してください。

 相続時精算課税制度を使って購入したタワーマンションを贈与し、それを売却することによって現金・預金の移動と同じ節税効果が望めます。

たとえば、時価1億2,000万円のタワーマンションを現金で購入したとしましょう。

そのマンションを評価通達に基づいて2,500万円の評価額で子供に贈与します。この場合、相続時精算課税制度を使えば、2,500万円までは贈与税はかかりません。

子供は、贈与を受けたタワーマンションを1億2,000万円で売却したとします。仲介料等を計算に入れないと、次のようになります。

1億2,000万円 － 2,500万円 ＝ 9,500万円

すなわち、この9,500万円は現金・預金で贈与を受けた効果と同じになります。

相続時精算課税制度を利用した場合は、贈与を受けた2,500万円のみ相続時に申告すればよく、それ以外の財産がない場合は、基礎控除額は3,000万円ですので、相続税は全くかかりません。

このように、タワーマンションの購入価額の1億2,000万円を引き継ぐことになりますので、売却した場合は譲渡所得税は全くかかりません。

都心部のタワーマンションは現在高騰していますので、さらに有利になります。

短期譲渡所得（5年）にならないよう購入価額と同額で売れば、節税効果は大きいと思います。

68 タワーマンションによる相続税対策のリスク

Q タワーマンションが相続税対策に有効であることはよく理解できましたが，そんな魔法みたいなことがいつまで続くのか心配です。最近タワーマンションを使った節税対策が国税不服審判所で否認されたと聞きました。その事例についてお聞かせください。

A 遅かれ早かれ，国税庁は，評価通達を改正してタワーマンションによる節税策を封じてくると思われます。

平成23年7月1日の国税不服審判所の裁決では，購入から1年以内に売却されたタワーマンションの相続税評価額の2億3,500万円の圧縮申告が否認されました。この裁決の概要は次の通りです。

平成19年7月に病気で入院した被相続人は，翌8月にタワーマンションを2億9,300万円で購入しましたが，9月に死亡しました。

同年11月にタワーマンションの名義を被相続人から相続人に変更しました。相続人は，翌年7月に2億8,500万円でそのタワーマンションを売却しました。

相続人は，評価通達に基づき，土地は路線価，建物は固定資産税評価額で評価し，評価額5,800万円で相続税の申告をしました。

これに対して，課税庁側は，タワーマンションの購入価額2億9,300万円で申告すべきであるとの処分を行ったため，納税者側は異議を述べたケースです。

この事案について，国税不服審判所は，タワーマンションの購入価額である2億9,300万円で申告すべきであるとして，課税庁側が勝訴しました。

この裁決は，下記の評価通達6を根拠にしたものと思われます。

> （この通達の定めにより難い場合の評価）
> 6 この通達の定めによって評価することが著しく不適当と認められる財産の価額は，国税庁長官の指示を受けて評価する。

これは，評価通達を画一的に適用すると，適正な評価が行われず，著しく課

税の公平性を害し，納税者間の実質的な租税負担の平等性を害する場合を規定しています。この事例のポイントは，1年以内という短期間にタワーマンションの購入と売却を行ったことにあると思われます。

なお，借入金でタワーマンションを購入した場合は，さらに相続税の圧縮を図ることができます。

コラム＊9

タワーマンションの固定資産税の見直し

平成29年度の税制改正により，平成29年4月1日以降に売買契約が始まり，平成30年度から課税対象となる20階建て以上（60m以上）の新築のタワーマンションの固定資産税が見直されることとなりました。

従来は，土地の持分はマンションの敷地全体で路線価を使って評価していました。それに住戸の土地持分割合を乗じたものが土地の評価額であり，土地価格には何の影響もありませんでした。

今回の改正により，たとえば40階建てのタワーマンションでは，中間階は変わらず，1階上がるごとに0.25％の増税となり，40階は約5％の増税となります。逆に，中間階から1階下がるごとに0.25％の減税となり，1階は約5％の減税となります。つまり，マンション全体の固定資産税の納税額は従来と変わりません。

この改正では，タワーマンションによる過度の節税策のみに焦点が当てられており，マンションの価格は居住空間や眺望・立地の優位性等で決まるにもかかわらず，時価の根本的な問題がほとんど論じられておらず，なんら解決策にはならないと思います。

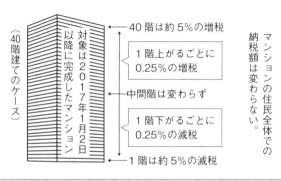

69 広大な敷地に古い低層マンションが立っている場合の評価

Q 私は父から，旧住宅公団が昭和40年代に分譲した3階建ての古いマンションを相続しました。全体の敷地は2,000㎡もあり，路線価の120万円/㎡をかけると，評価額は24億円になります。最近，2階の部屋が評価額の60％前後で売り出されました。相続税の評価額は評価通達で申告しなければいけないのでしょうか？

A 評価通達に基づく価格が時価を大幅に上回るケースが多いため，売買事例価格または鑑定評価による申告をお勧めします。

　全体の敷地が広大である場合，マンションの価格が非常に高くなり，ご質問のようなケースでは時価とかけ離れてしまうため，どのような評価をするかが問題になります。

　旧住宅公団が昭和30年代から40年代に分譲したマンションの中には，広大な敷地にポツンと古い建物が立っている場合がありますが，評価通達では対応できなくなっています。

　評価額24億円に敷地持分割合を乗じた価額が土地価額として評価されるため，1住戸当たりの評価額は大きくなります。

　タワーマンションは敷地持分権が小さいのに対して，昭和40年代に建てられた旧住宅公団のマンションは敷地持分権が大きいため，バブル期に不動産業者が建替えを目的として買い占めを行ったが，バブルがはじけて頓挫したケースが多く見られました。

　敷地持分権が区分所有者全体に配分されるため，時価よりかなり高い価格となります。

70 マンション敷地内に道路や公園等の公共施設が含まれている場合の評価

Q 私が父から相続したマンションの敷地内には公園や道路等の公共施設があり，近隣の人もそれらの施設等を利用しています。なお，それらの施設等はマンションの区分所有者で共有しています。相続税の評価にあたって，これらの公共施設は除外できるのでしょうか？

A 3,000㎡以上の大規模開発では，3％の公園提供が必要な場合があります。その他，緑地，遊水地等の公共施設の設置が必要です。

提供公園として公共団体に寄付している場合は，当然に面積から除かれます。

古いマンションで，私有地として道路や公園等が残っている場合は，前面道路の路線価を補正した価格×面積として評価されるため，敷地持分権が過大になります。

公園や道路が私有地にあり，そのマンションの人だけが使用する場合は含めて評価されます。

なお，その私道が不特定多数の人の通行の用に供されている場合があります。このような私道については，次の①から③の利用制限があり，また，④の取引実態にあることから，その価額を評価しないこととされています。

① 道路としての用法に応じて利用されることになり，第三者が通行することを容認しなければならないこと
② 道路内建築の制限により，通行を妨害する行為が禁止されること
③ 私道の廃止または変更が制限されること
④ このような私道を含む宅地の売買実例等からみても私道の減価を100％としている事例が多いこと
　(イ) 公道と公道に接続し，不特定多数の人の通行の用に供されている，いわゆる通り抜け私道

(ロ) 行き止まりの私道であるが，その私道を通行して不特定多数の人が地域等の集会所，地域センターおよび公園などの公共施設や商店街等に出入りしている場合などにおけるその私道

(ハ) 私道の一部に公共バスの転回場や停留所が設けられており，不特定多数の人が利用している場合などのその私道

これに対して，現在その使用収益にある程度の制約はあるが，私有物として，所有者の意思に基づく処分の可能性は残されています。

特に，そのような私道に隣接する土地が同一の所有者に帰属することになると，現在の私道は，容易にその敷地に包含されて，私道ではなくなってしまうことになります。

このようなことから，もっぱら特定の人の通行の用に供される私道の価額は路線価方式または倍率方式のいずれかによって評価した価額の30％相当額によって評価されます。

71 共有財産の持分価額は，評価通達で求められた財産の価格をその共有者持分に応じて按分する

Q 父と兄と私の3人で土地を共有していましたが，父が亡くなりました。兄は先祖代々の土地を売却するわけにはいかないと反対しています。不動産業者は1億円で売れるといっています。間口が狭いため，分筆して売却すると時価は大幅に下がります。評価通達によれば，亡父の私の持分は2,500万円と言われました。兄が反対したら売れないのでしょうか？
なお，私には父と兄の持分を購入できる現金の持合せはありません。

A 評価通達では，共有持分の減価は規定されていません。
一人でも売却に反対すると，共有持分は譲渡できません。
土地を売却するには，兄を説得する以外に方法はありません。

(1) 評価通達の考え方

> (共有財産)
> 2 共有財産の持分の価額は，その財産の価額をその共有者の持分に応じてあん分した価額によって評価する。

たとえば，共有者全体の土地価額が1億円であるとき，甲：3/4，乙：1/4の共有持分であった場合，甲・乙の価額は次のように評価します。

甲 ： 1億円 × 3/4 = 7,500万円
乙 ： 1億円 × 1/4 = 2,500万円

上記の式は一見なんでもないように見えます。
しかし，共有持分の土地を売却する場合，単独所有の場合と異なり，共有者全員の同意がないと売却できないという大きな制約があります。

相続人同士の仲が良く，売却の同意を容易に得ることができる場合や，相続財産が自宅のみである場合は売却して現金等の可分債権にしてしまえば問題はありません。

だが，土地や建物は，一人でも処分に反対すると売却ができません。

(2) 民法の考え方

民法では，「物」は一人の所有権に属し，単独所有を原則としています。

土地も単独所有であれば，自由に換価処分ができ，評価も何ら問題はありません。

しかし，複数人で土地を共有している場合は，お互いが均質な支配権を及ぼすことになり，共有者はその土地に持分権に応じて使用収益の権利を有することになります。

民法249条は，各共有者は共有物全部につき，その持分に応じて使用することができると規定し，各共有者は共有という制限の中で所有者としての権利を行使できます。

民法256条は，各共有者はいつでも共有物を分割請求することができるとしていますが，土地は分割すると著しく価値が劣ったり，土地が狭くて分割できないケースがあります。

民法は，単独所有の原則からいえば，共有は例外的なものとし，できるだけ共有持分を解消させる方向で規定されています。

72 共有持分の実質資産価値が市場価値と大幅に違うケース

Q 亡母の相続財産を兄弟姉妹4人で売却し，その代金を4人で均等に分けるということで話し合いましたが，亡母所有の土地に妹の建物が建っており，妹は亡母の面倒を見たから立ち退くのはいやだと言って，話し合いに応じようとしません。何か良い方法はありませんか？

A 共有者全員の同意があれば解決の道は見出せますが，一人でも反対すると，換価処分ができないというのが実状です。

　共有持分の資産価値は，単独所有に比較して市場価値を大きく下回る場合が多いといえます。

　親子間の共有であっても，財産の管理処分については，統一の意思表示ができる場合と，できない場合があります。共有持分を親子・兄弟・姉妹以外の第三者が所有していると，さらに複雑になります。

　裁判所の調停においても，共有は何ら問題の解決にはならず，後の世代に解決をゆだねることになります。その場合，代襲相続が発生していると，解決の方法がさらに難しくなります。

　ご質問のケースでは，兄弟姉の3人は妹さんの家を取り壊して土地を売却したいという意向ですが，妹さんは頑として取り壊しに反対されました。その後，反対していた妹さんが死亡し，妹さんの子供3人が代襲相続人になり，さらに問題が複雑化しました。

　評価通達は，利用価値の著しく低い土地は10％の減価を認めておきながら，共有地には何ら減価を認めていません。

　私見では，親子等の利害関係のある共有の場合は10％減価，第三者との共有の場合は20％減価をしないと，市場価値と著しく乖離するケースが多く，財産評価の均衡を損ねるのではないでしょうか。

73 都市計画道路予定区域内には広大地通達が適用されるケースが多い

Q 私の父の所有地は20年前に都市計画道路予定地に入っており，市役所の都市計画課に聞くと，マンションが建築できないと言われました。確かに周辺にはマンションが数多く建築されていますが，父の所有地を含めて都市計画道路予定地に入っている土地には2階建の木造住宅しか立っていません。この度,父が死亡し，相続税の申告をしなければなりません。評価通達の補正率の考え方と，広大地通達の適用が受けられるかどうかをお聞かせください。

A 評価通達では，ビル街地区，高度商業地区は容積率が高いため，減価率を高くしており，都市計画道路予定地に含まれる地積割合が多いほど，減価率の割合を多くしています。

都市計画道路予定地は戸建住宅が最有効使用になるケースが多いため，次の要件を充たせば広大地通達の適用があります。

① 公共公益施設用地の負担が生じること
② 著しく地積が広大な宅地であること
③ 戸建住宅が最有効使用であること

評価通達には，都市計画道路予定地の評価の仕方が地積割合に応じて詳細に定められています。

事業決定がされれば，用地買収があるものの，計画決定の段階においても大きな制約があります。特にビル街地区においては，高層の店舗事務所が最有効使用になる場合が多く，建物の建築に制約があります。

容積率が異なる2つ以上の地区に敷地がまたがっている場合は加重平均して補正率を定めており，その減価率も鑑定評価で求める値にかなり近くなっています。

73 都市計画道路予定区域内には広大地通達が適用されるケースが多い

（都市計画道路予定地の区域内にある宅地の評価）

24-7 都市計画道路予定地の区域内（都市計画法第4条第6項に規定する都市計画施設のうちの道路の予定地の区域内をいう。）となる部分を有する宅地の価額は、その宅地のうちの都市計画道路予定地の区域内となる部分が都市計画道路予定地の区域内となる部分でないものとした場合の価額に、次表の地区区分、容積率、地積割合の別に応じて定める補正率を乗じて計算した価額によって評価する。

地区区分 容積率 地積割合	ビル街地区、高度商業地区			繁華街地区、普通商業・併用住宅地区			普通住宅地区、中小工場地区、大工場地区	
	600%未満	600%以上 700%未満	700%以上	300%未満	300%以上 400%未満	400%以上	200%未満	200%以上
30%未満	0.91	0.88	0.85	0.97	0.94	0.91	0.99	0.97
30%以上 60%未満	0.82	0.76	0.70	0.94	0.88	0.82	0.98	0.94
60%以上	0.70	0.60	0.50	0.90	0.80	0.70	0.97	0.90

（注）地積割合とは、その宅地の総地積に対する都市計画道路予定地の部分の地積の割合をいう。

しかし、都市計画道路の事業決定がされた場合には、都市計画道路予定地域内と同じ補正率でよいのかについては、評価通達には明確にされていません。

都市計画道路予定地であるが、まだ事業認可がなされていない場合は、戸建住宅が最有効使用になるケースが多く、広大地通達の要件を充たす場合は広大地評価の適用があります。

評価通達では、相続開始時に何が最有効使用であるかを判断して、土地の評価を決定します。

不動産の価額は、その不動産の効用が最高度に発揮される可能性に最も富む使用（最有効使用といいます）を前提として把握される価額を標準として形成されます。

この場合の最有効使用は、現実の社会・経済情勢の下で客観的にみて、良識と通常の使用能力を持つ人による合理的かつ合法的な最高・最善の使用方法に基づくものをいいます。

都市計画法54条3項の規定により，都市計画道路予定地には，容易に移転し，または除却できる建物しか建築できないため，広大地通達の適用を受けるケースが多いでしょう。

☞ **都市計画道路予定地はあちこちにあるため，相続税の申告にあたっては役所で必ず確認しましょう。**

> ### コラム＊10
>
> ## 名義預金とは？
>
> 「名義預金」とは，預金口座の名義がその預金の原資を出資した人ではない口座をいい，被相続人が自分ではなく配偶者や子供の名義で口座をつくった場合に問題となります。特に相続人に資力がない場合は，課税当局から厳しく追及されます。
>
> 相続税を少なくしようと自分の財産を子供名義にしているケースが多々ありますが，腕の良い調査官であれば，すぐに見抜かれるといってもよいでしょう。
>
> (1) 名義預金の判断基準
> 　① 被相続人と同じ印鑑を使っている場合
> 　② 通帳や印鑑を被相続人が保管している場合
> 　③ 相続人に収入がないにもかかわらず被相続人の贈与の事実がない場合
>
> 相続税の税務調査では，被相続人の口座から多額の預金が引き出されている場合，相続財産として現金・預金が計上されているか，使途が明瞭であれば問題ないが，計上漏れがあったり，使途が不明確であった場合は名義預金と判定されます。
>
> (2) 家族預金と判断されないためには，次のことが重要です。
> 　① 贈与があった事実を証明するための証拠を残しておくこと。
> 　② 被相続人から貰った預金等は自らが管理すること。
> 　③ 贈与税の申告をすること。110万円以上の贈与を行った場合は，翌年2月1日から3月15日までの間に必ず申告しておいてください。

74 評価通達は，都市計画事業として認可された場合と計画決定の場合とを別々に規定すべきである

Q 私が父から相続した土地（3,000㎡）が都市計画事業として事業認可され，高速道路のインターチェンジの敷地として利用されることになりました。税務署は，インターチェンジとして利用されるから，マンション敷地と同じように道路潰れ地は生じないといっています。他の要件を充たす場合でも広大地通達は適用できないのでしょうか？
評価通達には，事業認可と予定区域の差はあるのでしょうか？
なお，税務署は，父が生前に譲渡契約をしていたため広大地通達は適用されず，譲渡価額で申告するようにいっていますが，本当でしょうか？

 被相続人の死亡時を起点として考えます。
① インターチェンジとしての利用であっても，広大地通達の要件を充たしていれば適用があります。
② 評価通達では，予定区域と事業認可との明確な区別はされていませんが，『財産評価基本通達逐条解説』では，「課税時期において早晩買い取られることが確実であり，かつ予定対価の額が明らかである場合を除き予定地の取り扱いを適用して差し支えない。」と解説されています。
③ なお，生前に譲渡契約を締結していた場合は，譲渡契約の金額が申告額になり，広大地通達は適用されません。

相続開始時に事業決定がされており，事業認定の告示はあるが，事業主と被相続人との間で用地買収の契約が行われていない場合は土地収用法が適用され，建築制限がより厳しくなると同時に，用地補償の観点から買収が現実的に

なります。

　買収価額は正当な補償で買収されるため，相続税路線価より高くなるのが一般的です。

　鑑定評価においては，土地収用法の規制や建築制限がないものは，次のような条件設定を行って評価額を求めます。

　(イ)　「平成＊年＊月＊日に事業決定をしている都市計画道路の予定地を含むが，本件は補償のための参考資料であるので，当該事業の施行による影響はないものとして鑑定評価する。」

　(ロ)　「対象地は＊＊公園区域に指定されているが，本件は公園区域拡大事業推進のための評価であるので，当該公園区域の規制による影響がないものとして鑑定評価する。」

　相続時の評価においては，暗黙の了解事項として，鑑定評価と同様に，次の条件設定が行われていると見るのが妥当です。

　「平成＊年＊月＊日に事業決定している都市計画道路の予定地であるが，本件は相続時の財産評価を求めるものであるから，当該事業施行による影響がないものとして相続時の価額を求める。」

　(i)　道路，公園等は公共財であるため，市場では供給できないこと，および，道路等が築造されると周辺の利便性が大幅に改善し，価額が高騰するため，地権者に有利に利用され，上昇分の負担が増加し，プラスの側面も生じるからです。

　(ii)　事業認定の告示を受けると，土地収用法の規定により建物の建築ができなくなります。したがって，その影響がないものとして評価し，相続時の価額を求めるのが原則です。

　上記のような条件は，実現性，合法性，利害関係人および第三者の利益を害するおそれがない等の観点から妥当する場合には認められます。

　課税時期に地権者と事業者との間で用地買収の契約等の特段の事情がない場合は，都市計画道路予定地内の土地と評価してもよいことになります。

　その地域の標準的使用が戸建住宅地で，広大地通達の要件を充たしていれば，広大地評価の適用があります。

　相続開始時に事業主と地権者との間で土地・建物の売買契約が締結されてい

74 評価通達は，都市計画事業として認可された場合と計画決定の場合とを別々に規定すべきである

た場合は，契約によって事業主と契約者との間に債権・債務が確定するため，契約金額が未収金もしくは現金・預金として相続時財産となります。

その場合は，買い取られることが確実であり，契約金額が明らかであることが必要です。

評価通達に都市計画道路予定地と事業認可がなされた場合の明確な規定をおくべきです。

事業認可がなされた場合，地権者は私有財産よりも公共の福祉が優先するため，土地を提供することが義務づけられています。

したがって，地域の標準的使用から広大地通達の適用があるか否かが判断されるべきであり，その計画段階と事業計画が行われた場合を分けて条文化する必要があります。

事業認可がされている場合，買収時期までは土地の利用が制約されることから，事業認可後に課税時期がきた場合，課税時期に早晩買い取られることが確実であり，かつ予定対価の額が明らかである等の特段の場合を除き，予定地の取扱いを適用して差し支えないでしょう。

相続人にとっては，広大地通達の要件を充たしていた場合，事業決定後も広大地通達の適用があるか否かは極めて重要な問題ですから，上記のことを評価通達に明文化しておくべきでしょう。

75 都市計画道路予定地と高圧線下地が重複する場合，広大地通達の適用は可能か？

Q 私が父から相続した土地（1,500㎡）は，都市計画道路予定地であると同時に高圧線下地で利用制限があります。相続税の申告にあたって，広大地通達の適用後に，都市計画道路予定地と高圧線下地の2つの減額をしたいと思っていますが，可能でしょうか？

A 広大地通達の適用後に，高圧線下地と都市計画道路予定地の2つの減価をすることができます。

　鑑定評価においては，土地の形状，位置関係と，高圧線下地には建物の建築が可能か，また都市計画道路予定地は事業認可がされているか等々の個々のケースに応じて開発計画を立案します。

　したがって，評価通達上の利用制限については，個々に減価要因を検討して鑑定評価額を決定し，また相続時の財産評価についても重複して減価要因を検討することが重要です。

☞ 税理士の申告書を見ると，広大地評価を適用していながら，都市計画道路予定地，高圧線下地の減価を行っていないことに驚かされます。

76 土壌汚染対策法の概要

Q 土壌汚染対策法の概要について説明してください。

 かつては，土壌汚染は特に大きな問題とはされていませんでした。しかし，最近では，たとえば東京・築地市場の移転先である豊洲市場の土壌汚染の問題が注目を浴びています。

平成14年5月に，国民の安全と安心を確保するため，土壌汚染状況の把握，土壌汚染による人の健康被害の防止に関する措置等の土壌汚染対策を実施することを目的とする土壌汚染対策法が成立しました。

この法律は，不動産の取引に大きな影響を及ぼしました。

不動産鑑定士は，土壌汚染が存することが判明した不動産については，汚染の除去等の措置に要する費用等の他，専門家が行った調査結果を活用して鑑定評価を行うものとされました。

土壌汚染対策法により，次の措置がとられることになります。

① 都道府県知事は，土壌の汚染状態が一定の基準に適合しない土地については，その区域を指定区域として指定し，公示するとともに，指定区域の台帳を調整し，閲覧に供する。

② 都道府県知事は，指定区域内の土地のうち，土壌汚染により人の健康被害が生ずるおそれがあると認めるときは，土地の所有者等に対し，有害物質の除去，拡散の防止その他の汚染の除去等の措置を命ずる。

なお，土壌汚染地の相続税評価の基本的な考え方については，平成16年7月に国税企画官情報が発表されました。

77 土壌汚染地の評価方法

Q 私が父から相続した土地は自動車部品のメッキ工場に賃貸されていました。その土地を売却するには多額の汚染除去費用がかかるといわれました。相続時には汚染がないものとして申告するしかないのでしょうか？

A 平成14年7月の不動産鑑定評価基準の改正（平成15年1月施行）により、不動産鑑定士が鑑定評価を行う場合は土壌汚染の状況を考慮すべきこととされましたが、現在のところ、標準となる鑑定評価の方法は公表されていません。

米国においては、土壌汚染地は、①原価方式、②比較方式、③収益還元方式の3つの方式で鑑定評価されています。

②の比較方式は、多くの売買実例が収集できるときには評価上の基本的な方式であると考えられますが、現実には土壌汚染地の売買実例の収集は困難です。

③の収益還元方式についても、土壌汚染等による影響を総合的に検討した上で純収益および還元利回りを決定することは困難ですので、②および③のいずれも現段階で標準的な評価方法とすることは難しいと考えられます。

①の原価方式は、「使用収益制限による減価」および「心理的要因による減価」をどのようにみるかという問題はあるものの、「汚染がないものとした場合の評価額」および「浄化・改善費用に相当する金額」が把握できることからすると、土壌汚染地の基本的な評価方法とすることが可能であると考えられます。

なお、評価通達において、土壌汚染地として評価する土地は、「課税時期において、評価対象地の土壌汚染の状況が判明している土地」であり、土壌汚染の可能性があるなどの潜在的な段階では土壌汚染地として評価することはできません。

土壌汚染によるリスクプレミアムを利回りに反映しなければなりませんが、そのリスクプレミアムをどの程度にしたらよいかの個別の判断を要することになり、定量的・画一的に判断すべきとする相続税評価の原則に反することにな

77 土壌汚染地の評価方法

ります。

　土壌汚染のように個別性の強い減価は相続税路線価には反映されていないため、画地の評価は相続税路線価をもとに個別性を反映させて求めることになります。

　都道府県知事から汚染の除去等命令が出され、それに要する費用の額が確定している場合や浄化改善の費用が未払いになっている場合は、相続税法14条に規定する「確実な債務」として課税価格から控除し、評価対象地の浄化・改善費用は未払金として評価します。

　このように「確実な債務」は、その土地の評価額から控除するのではなく、課税価格から控除するのが妥当です。

　課税時期においては土壌汚染地であるものの、土地の評価額は浄化・改善措置後の価額になることが確実に見込まれるからです。

　都道府県知事から汚染の除去等の命令が下された場合、指定支援法人から除去の助成金を受けることがありますが、その場合は改善費用の中から助成金を控除することになります。

　土地所有者以外のものが汚染原因者である場合は、求償権を行使できます。

　汚染原因者に除去費用の立替金を請求している場合には、求償権は相続財産に加算することになります。

　求償権を回収できない場合は、回収可能性を適正に見積もる必要がありますから、立替金相当額を評価通達204《貸付金債権の評価》、205《貸付金債権等の元本価額の範囲》に準じて評価します。

　土地所有者が汚染原因者に対して損害賠償を請求した場合は、その損害賠償請求権は相続財産に該当します。

　以上をまとめると次のようになります。

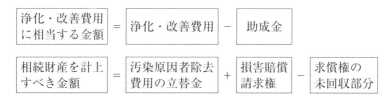

　なお、相続発生から10か月後が申告期限ですから、浄化・改善費用は確定

債務です。

　相続税法14条に規定する「確実な債務」ではない見積額について，国税企画官情報は，汚染がないものとした場合の評価額が地価公示価格の80％相当額（相続税評価額）となるから，控除すべき浄化・改善費用は見積り額の80％相当額を浄化・改善費用とするのが相当であるとしています。

$$\boxed{浄化・改善費用に相当する金額} = \boxed{浄化・改善費用 \times 80\%}$$

　なお，浄化・改善費用の見積り額の80％の額が実際の改善費用を上回った場合は，更正の請求ができ，下回った場合は修正申告が必要です。

　土壌汚染の除去以外の措置を実施した場合には，その措置機能を維持するための利用制限によって生ずる減価があります。

　具体的には，機能措置に土壌汚染の防止装置をつけた場合などが該当します。

☞ 東京・築地から豊洲への卸売り市場の移転にあたって，土壌汚染の深刻な問題が生じていますが，多額の浄化・改善費用がかかるため，土地価格が相当に下落するのが一般的です。筆者も，国が買収する土地の評価を行った経験がありますが，浄化・改善費用を差し引くと土壌汚染のない土地の価格の1/3になったケースもありました。

78 心理的嫌悪感(スティグマ)による減価

Q 私が父から相続した土地は土壌汚染されていましたが、すべてを浄化しました。しかし、土地の購入希望者からは、全てを浄化しても心理的な嫌悪感があるから、もっと安くしないと買わないと言われました。相続税評価のときに、このような要因も減価として計上できますか?

A 相続税評価では心理的嫌悪感の減価は控除できないため、路線価を下回る価格でしか売却できなかった場合は、売買価格で申告することをお勧めします。

　土壌汚染の存在に起因する心理的嫌悪感を「スティグマ」といいます。浄化直後のスティグマを最大とし、一般に時の経過とともに低減していくと考えるのが妥当です。スティグマを構成する要因としては、有害物質の種類と量(汚染の度合い)、浄化方法、期限、一般社会における認知度、地域の土地利用や対象地の最有効使用等によって決定されます。

　また、スティグマは、
　(A)　100%浄化完了後にもなお残る心理的嫌悪感
　(B)　環境省の基準値を満足する浄化完成後に残る心理的嫌悪感
　(C)　環境省の基準に規定されていない有害物質の存在による心理的嫌悪感
　(D)　浄化対策をとらない場合もある汚染中毒に対する心理的嫌悪感

等に分類されます。このうち、(A)、(B)についてはスティグマとして考慮する必要があり、(C)、(D)については条件として考慮外とすることができます。

　「土壌汚染の価値」は、「汚染がない場合の価値」と比較して、「浄化装置に必要な費用」と「汚染という事実に起因する心理的嫌悪感による減価」の2つの要素分の価値逓減を考慮したものとなります。

　「封じ込め措置」等を前提とした価値を求める場合は、「汚染のない場合の価値」から、それによる土地利用限定にかかる減価を考慮する必要があります。

79 土壌汚染地の鑑定評価

Q 私が父から相続した土地は，土壌汚染されており，路線価より相当下回ることが予想されます。この場合，鑑定評価にもとづいて相続税の申告ができますか？

A 鑑定評価による相続税の申告は可能です。
　鑑定評価では，汚染物質の除去等の費用の発生や，土地利用上の制限によって価格形成に重大な影響がある場合には，上記の費用を控除する必要があります。

　不動産鑑定評価基準運用上の留意事項のⅡの「1.土地に関する個別的要因について」の「(2)　土壌汚染の有無及びその状態について」において，土壌汚染が存する場合には，汚染物質に係る除去等の費用の発生や土地利用上の制約により，価格形成に重大な影響を与えることがあるとして，汚染物質に係る除去等の「費用」の把握が必要になる場合があることを示唆するとともに，土壌汚染対策法に規定する土壌の特定有害物質による汚染に関して同法に基づく手続きに応じて次に掲げる事項に特に留意する必要があるとしています。この部分が土壌汚染対策法と最も直接的にリンクしている部分です。

① 対象不動産が，土壌汚染対策法に規定する有害物質使用特定施設に係る工場若しくは事業場の敷地又はこれらの敷地であった履歴を有する土地を含むか否か。
　なお，これらの土地に該当しないものであっても，土壌汚染対策法に規定する土壌の特定有害物質による汚染が存する可能性があることに留意する必要がある。
② 対象不動産について，土壌汚染対策法の規定による土壌汚染状況調査を行う義務が発生している土地を含むか否か。
③ 対象不動産について，土壌汚染対策法の規定による要措置区域の指定若しくは形質変更時，要届出区域の指定がなされている土地を含むか否か（要措置区域の指定がなされている土地を含む場合にあっては，講ずべき汚染の除去等の

措置の内容を含む。），または過去においてこれらの指定若しくは土壌汚染対策法の一部を改正する法律（平成21年法律第23号）による改正前の土壌汚染対策法の規定による指定区域の指定の解除がなされた履歴がある土地を含むか否か。

なお，上記の事項は土壌汚染対策法との関連において留意すべき事項ですが，前述の通り，同法以外の法令や都道府県の条例に規定されている有害物質，またそれらの対象外の汚染物質であっても価格形成に影響を与えると判断される場合には，それらの影響を考慮すべきであることは当然です。

さらに，同Ⅷの「1.宅地について」の「(5) 対象不動産について土壌汚染が存することが判明している場合等の鑑定評価について」において，土壌汚染に係る土地の鑑定評価について，次の通り，より詳細な記述がなされています。

　土壌汚染が存することが判明している不動産については，原則として汚染の分布状況，汚染の除去等の措置に要する費用等を他の専門家が行った調査結果等を活用して把握し鑑定評価を行うものとする。ただし，この場合でも総論第5章第1節及び本留意事項Ⅲに定める条件設定に係る一定の要件を満たすときは，依頼者の同意を得て，汚染の除去等の措置がなされるものとする想定上の条件を設定し，又は調査範囲等条件を設定して鑑定評価を行うことができる。また，総論第8章第6節及び本留意事項Ⅵに定める客観的な推定ができると認められるときは，土壌汚染が存することによる価格形成上の影響の程度を推定して鑑定評価を行うことができる。
　なお，汚染の除去等の措置が行われた後でも，心理的嫌悪感等による価格形成への影響を考慮しなければならない場合があることに留意する。

鑑定評価と異なり，相続税の申告は費用化が難しいため，原則としてスティグマに対する費用は控除しません。

80 土壌汚染地の相続税の申告

Q 土壌汚染地の相続税の申告の仕方を教えてください。

  専門家に見積り書をお願いして、見積り額の80%申告をします。
控除すべき浄化・改善費用が多くなった場合は「更正の請求」が、少なくなった場合は「修正申告」が必要です。次の計算例をご覧ください。

見積り書

○○株式会社　御中

金　　額：123,058,400円

工事名称：Y市旧本社工場浄化工事

工事場所：Y市

①見積条件：見積金額には消費税が含まれておりませんので、ご契約の際に別途計上します。

②支払条件：イ．前払金の有無

　　　　　　ロ．出来高・完成払い

　　　　　　ハ．支払時期：締切日後30日

　　　　　　ニ．支払方法：現金100％

③工　　事：打ち合わせによる。

④見積り有効期限：平成○○年6月1日

⑤そ の 他：なし

名　称	規　格	計算式	数　量	単　位	単　価	金額(円)	適　用
1. 準備工事			1	式		2,048,000	
2. 土壌掘削			1	式		43,380,000	
3. 汚水処理			1	式		4,048,000	
4. 土壌埋戻し			1	式		8,435,000	
5. 土壌処分費			1	式		45,790,000	
6. 分析費			1	式		560,400	

7. 仮設・安全対策費			1	式	3,615,000	
8. 現場管理費			1	式	4,217,000	
小　計				式	112,093,400	
9. 行政折衝費			1	式		諸経費に含む。
小　計						
諸経費			1	式	10,965,000	
（内訳明細は別途参照）						
合　計					123,058,400	

汚染がないものとした場合の相続税路線価の価格：240,000,000 円

浄化・改善費用に相当する金額：123,058,400 円 × 80％ ＝ 98,446,720 円

（未払債務として計上，円未満切捨て）

(注) 控除すべき浄化・改善費用について見積り額の80％を計上する。

実質的な土壌汚染の価額：240,000,000 円 － 98,446,720 円 ＝ <u>141,553,280 円</u>

81 埋蔵文化財包蔵地の法律と評価

Q 私が父より相続した土地は，埋蔵文化財の包蔵地です。市の担当者に相談したところ，重要な遺跡があるとのことで，発掘費用が1億円かかるそうです。相続税の申告で，その費用の全額を控除できますか？ なお，埋蔵文化財に関する法規制についても説明してください。

A 見積り額1億円の80％の8,000万円よりも，実際にかかった費用が多い場合は「更正の請求」が，逆に少ない場合は「修正申告」が必要です。なお，文化財保護法には次のような規定があります。

(調査のための発掘に関する届出，指示及び命令)
第92条　土地に埋蔵されている文化財（以下「埋蔵文化財」という。）について，その調査のため土地を発掘しようとする者は，文部科学省令の定める事項を記載した書面をもって，発掘に着手しようとする日の30日前までに文化庁長官に届け出なければならない。ただし，文部科学省令の定める場合は，この限りでない。

2　埋蔵文化財の保護上特に必要があると認めるときは，文化庁長官は，前項の届出に係る発掘に関し必要な事項及び報告書の提出を指示し，又はその発掘の禁止，停止若しくは中止を命ずることができる。

(土木工事等のための発掘に関する届出及び指示)
第93条　土木工事その他埋蔵文化財の調査以外の目的で，貝づか，古墳その他埋蔵文化財を包蔵する土地として周知されている土地（以下「周知の埋蔵文化財包蔵地」という。）を発掘しようとする場合には，前条第1項の規定を準用する。この場合において，同項中「30日前」とあるのは，「60日前」と読み替えるものとする。

2　埋蔵文化財の保護上特に必要があると認めるときは，文化庁長官は，前項で準用する前条第1項の届出に係る発掘に関し，当該発掘前における埋蔵文化財

> の記録の作成のための発掘調査の実施その他の必要な事項を指示することができる。
>
> (埋蔵文化財包蔵地の周知)
> **第95条** 国及び地方公共団体は,周知の埋蔵文化財包蔵地について,資料の整備その他その周知の徹底を図るために必要な措置の実施に努めなければならない。
> 2 国は,地方公共団体が行う前項の措置に関し,指導,助言その他の必要と認められる援助をすることができる。
>
> (遺跡の発見に関する届出,停止命令等)
> **第96条** 土地の所有者又は占有者が出土品の出土等により貝づか,住居跡,古墳その他遺跡と認められるものを発見したときは,第92条第1項の規定による調査に当たって発見した場合を除き,その現状を変更することなく,遅滞なく,文部科学省令の定める事項を記載した書面をもって,その旨を文化庁長官に届け出なければならない。ただし,非常災害のために必要な応急措置を執る場合は,その限度において,その現状を変更することを妨げない。
> 2 文化庁長官は,前項の届出があった場合において,当該届出に係る遺跡が重要なものであり,かつ,その保護のため調査を行う必要があると認めるときは,その土地の所有者又は占有者に対し,期間及び区域を定めて,その現状を変更することとなるような行為の停止又は禁止を命ずることができる。ただし,その期間は,3月を超えることができない。
> (以下,略)

埋蔵文化財包蔵地に含まれる地域は全国的にかなり多く,関東地方では特に神奈川県鎌倉市は突出しています。

発掘調査費用は個別性が強く,減価を査定するのは非常に困難です。

私見では,次の方法が考えられます。

① 評価通達での造成費を控除する。
② 国税不服審判所平成20年9月25日裁決例に基づき,文化財保護法による法的規制等を考慮して10％の評価減を認める。

③ 国税不服審判所の裁決に基づき，土壌汚染地の評価の考え方（国税庁企画官情報第3号）と同様に控除すべき浄化・改善費用については見積り額の80％相当額を埋蔵文化財発掘費用として認める。

埋蔵文化財包蔵地を含む土地にマンションを建設中に埋蔵文化財が見つかった場合，建設工事は発掘が終了するまでストップしなければなりません。

工事中断中の借入金の金利もばかになりません。

したがって，何らかの方法で発掘費用を控除することが望ましいといえますが，その額は明確でないため，上記の②と③のどちらかの評価減を認めることを国税庁企画官情報等で明確にしておく必要があります。

そうしないと，埋蔵文化財で減価した申告書と減価しない申告書とでは，税の不公平感が生じる結果となります。

【平成4年国税庁企画官情報】
普通住宅地区にある宅地で付近にある他の宅地の利用状況からみて，利用価値の著しく低下している宅地については，その面積に対応する価額分は10％評価減しても差支えない。ただし路線価又は倍率が，利用価値が著しく低下している状況を考慮して付されている場合は斟酌しない。

国税庁企画官情報がいうように，精通者意見価格を提出する場合，埋蔵文化財包蔵地については調査してみないとわからないため，路線価または倍率に反映させていることはほとんどないものと思われます。

したがって，周知の埋蔵文化財包蔵地に含まれている場合と含まれていない場合とでは土地の価格に格差があります。

不動産鑑定評価基準運用上の留意事項のⅡの「1．土地に関する個別的要因について」では，次のように規定されています。

(1) 埋蔵文化財の有無及びその状態について
文化財保護法で規定された埋蔵文化財については，同法に基づく発掘調査，現状を変更することとなるような行為の停止又は禁止，設計変更に伴う費用負担，土地利用上の制約等により，価格形成に重大な影響を与える場合がある。
埋蔵文化財の有無及びその状態に関しては，対象不動産の状況と文化財保護法

に基づく手続きに応じて次に掲げる事項に特に留意する必要がある。

① 対象不動産が文化財保護法に規定する周知の埋蔵文化財包蔵地に含まれるか否か。
② 埋蔵文化財の記録作成のための発掘調査，試掘調査等の措置が指示されているか否か。
③ 埋蔵文化財が現に存することが既に判明しているか否か（過去に発掘調査等が行われている場合にはその履歴及び措置の状況）。
④ 重大な遺跡が発見され，保護のための調査が行われる場合には，土木工事等の停止又は禁止の期間，設計変更の要否等。

埋蔵文化財の有無およびその状態については，文化財保護法との関係において，土地の価格に影響を与えるものであることに留意し，発掘調査等の必要の有無および調査に要する費用や期間については所管の行政庁に確認すべきです。

発掘調査費用がかかり，現実の債務として確定した場合には，「更正の請求」により還付ができると思われます。

82 埋蔵文化財包蔵地の具体的な評価例

Q 私が父から相続した埋蔵文化財包蔵地にある土地は前面道路が6mで，周辺には戸建住宅が立ち並んでいます。路線価は200,000円/㎡です。面積は3,000㎡あり，広大地通達が適用できる地域です。発掘費用の見積り額は1㎡当たり20,000円です。評価額はいくらになりますか？

A 広大地通達を適用して，発掘費用の見積り額の80％を控除して計算します。

〈埋蔵文化財がない通常の評価額〉

$$200,000 円/㎡ \times \left(0.6 - 0.05 \times \frac{3,000㎡}{1,000㎡}\right) = 90,000 円/㎡$$

$$90,000 円/㎡ \times 3,000㎡ = 270,000,000 円$$

〈発掘調査費用〉

$$20,000 円/㎡ \times 3,000㎡ \times 0.80 = 48,000,000 円$$

〈埋蔵文化財包蔵地としての評価額〉

$$270,000,000 円 - 48,000,000 円 = \underline{222,000,000 円}$$

83 埋蔵文化財包蔵地の評価と発掘費用の控除および発掘調査期間の考慮の要否についての裁決例

Q 埋蔵文化財包蔵地である土地の評価に当たって，①埋蔵文化財の発掘費用は控除すべきか，②埋蔵文化財の発掘調査期間を考慮すべきか否かを争点にした裁決例の概要について説明してください。

A 平成20年9月25日，国税不服審判所は，①については，評価額の10％減価ではなく，発掘費用見積り額の80％相当額を控除するのが妥当である，②については，文化庁長官は最長6か月を越えて開発工事等の停止または禁止を命ずることができないことを根拠に，発掘調査期間は6か月程度が妥当であるとして，次のように裁決しました。

　本件各土地に存する固有の事情の考慮は，類似する状況における土地評価法についての取扱いを明らかにした本件情報に準じて行うことが相当と認められる（本件各土地の評価基礎となる路線価は，地価公示価格水準の80％程度で評定されているところ，本件情報について評価上控除する「浄化・改善費用に相当する金額」は見積額の80％相当額とされており，価格水準のバランスがとられている。）。ただし，土壌汚染地と異なり，使用収益制限による減価及び心理的な嫌悪感から生ずる減価の要因はないと認められるので，発掘調査費用分について考慮すれば足りる。

　原処分庁は，埋蔵文化財の発掘調査費用の控除は必要なく，文化財保護法による法的規制等を考慮して10％の減額をすれば足りる旨主張するが，発掘調査基準に基づき，本件各土地の状況に応じた調査費用が見積もられているところ，原処分庁の減額は当該見積額を大きく下回るという本件各土地の固有事情の下では，固有事情の考慮として不十分というべきであり，原処分庁の評価方法は採用することができない。

84 道路との高低差がある土地の相続税評価

Q 私は父より，道路より10m位高い階段状の土地を相続しました。利用価値は近隣の土地に比べて著しく劣っています。その場合は10%減価が認められると聞きましたが，本当ですか？

A 国税庁企画官情報は，次のように，利用価値が著しく低下した例をあげて，10%減価を認めています。
① 道路より高い位置にある宅地，または低い位置にある宅地で，その付近にある宅地に比して著しく高低差のあるもの
② 地盤が甚だしく凸凹しているもの
③ 振動が甚だしい宅地
④ 上記以外の宅地で，騒音，日照障害（建築基準法56条の2に定める日照時間を超える日照障害のあるもの），臭気，忌み等により，その取引金額に影響を与えると認められるもの

上記の例のような宅地を売却した場合に，取引価格に影響があるか否かで決定されます。

なお，あなたの土地だけでなく，その地域全体が道路より高い場合は，すでにその要因が路線価に反映されていると税務当局が回答するケースがありますので注意してください。

85 道路との高低差が10m余りある土地の相続税評価で鑑定評価が採用された事例

Q 私が父から相続した土地は道路より10m余り高く，路線価は「105D」です。10％減価をしても，とても市場価格には追い付きません。市街化区域にあり，建物の建築は可能ですが，業者からは造成コストがかかりすぎて，採算に合わないと言われました。このような土地でも，評価通達で評価しなければならないのでしょうか？

A 鑑定評価によって評価通達の57％減で申告して認められた筆者の例をご紹介しましょう。

〈評価通達の路線価で評価〉

物件Ⅰ：95,000円／㎡ × 539㎡ ＝ 51,205,000円
物件Ⅱ：84,000円／㎡ × 59㎡ ＝ 4,956,000円
合計 56,161,000円

〈鑑定評価による価格〉

物件Ⅰ：42,000円／㎡ × 539㎡ ＝ 22,638,000円
物件Ⅱ：28,000円／㎡ × 59㎡ ＝ 1,652,000円
合計 24,290,000円

(注) 高低差が10m以上あり，かつ物件Ⅱは規模が小さいため，宅地としての利用ができず，畑としての利用が最有効使用です。なお，鑑定評価についての詳細は略します。

評価額：56,161,000円 － 24,290,000円 ＝ 31,871,000円（57％評価減）

前面道路よりかなりの高低差があり，利用効率が著しく劣る土地です。

道路より10m高い宅地に住宅を建てた場合，階段で容易に行くことが困難なため10％以上の減価が生じることがあります。その場合は，鑑定評価で証明することが重要です。

86 暴力団事務所が近隣にある土地は評価減が認められるか？

Q 私が父から相続した家の前には暴力団事務所があります。以前には発砲騒ぎがあって，近隣の住民は大変不安に思っています。このような場合，10％減の申告は認められますか？

A 前面道路の路線価をよく調べてください。暴力団事務所が近くにあるところのみ路線価が低くなっていれば，10％減は認められません。裁決例を紹介しましょう。

【暴力団事務所等が近隣にあることは路線価に織り込み済みのため，評価減を認めなかった事例】（平成11年3月18日裁決）
〈裁決〉
　暴力団事務所及びパチンコ店等は，公示価格や精通者からの意見価格にはその事情が反映されているから，土地の評価額は妥当である。
〈裁決の要旨〉
　請求人らは，本件土地の付近に暴力団事務所及びパチンコ店等があることを理由として，本件土地の評価額は過大である旨主張し，その主張の根拠として，暴力団に関する新聞報道の記事2件を当審判所に対して提出したが，具体的な額は主張しなかった。ところで，路線価は，公示価格等に基づき評定されており，その路線価を基に算定した価額は，特段の事情のない限り相続税の課税価格の計算においてその財産の時価と認めるのが相当と解されている。請求人の主張する暴力団事務所及びパチンコ店等は，本件路線価の評定基準日において既に存在しており，平成7年の精通者からの意見価格には，請求人の主張する事情を反映しているものと判断される。したがって，本件土地の評価額は相当であり，請求人らの主張には理由がない。

86 暴力団事務所が近隣にある土地は評価減が認められるか？

　筆者の経験では、近隣にパチンコ店や暴力団事務所があるからといって、精通者意見価格が減額されることはまずないと思います。
　一般的には、個別の事情は反映させないのが路線価であり、暴力団事務所のある所だけ路線価が特に低くなっているか否かを調査する必要があります。

☞ **近隣に暴力団事務所があると土地の価格は明らかに下がるのが一般的です。購入する場合、周囲の状況を十分調査することが重要です。**

87 評価通達による評価額よりかなり低い価額で土地を売却した場合

Q 昨年私の父が亡くなり，相続税の納付期限に間に合うよう，評価通達で計算した価額よりもかなり低い価額で土地を売却しました。売却価額で申告すると，税務調査で否認されたら延滞利息等がかかり，多額の追徴税額を納めなければならないのではと心配です。どうすればいいでしょうか？

A 税務署は申告事例を把握しており，周辺の事例と比較して適正であれば申告が認められると思います。

相続の場合は不動産を売り急ぐケースが多く，事例そのものが妥当か否かの問題を生じるため，鑑定評価書の添付をお勧めします。

筆者はかつて，売買事例で申告した案件について，国税調査官と次のようなやりとりをしたことがあります。

筆　者──税務当局は売買事例により申告をすることは認めないのですか？

調査官──全く認めないわけではありません。周辺の申告事例と比較して適正であれば認めることもありえます。

筆　者──相続税の納付期限は相続開始時から10か月以内と限られています。

調査官──売買事例を基に申告するのは，評価通達により計算した価格よりも低い価格で売買されたケースが多いといえます。早期に売却する必要性があり，売り急ぎ等の特殊な要因があるケースがあるため慎重に検討する必要があります。

鑑定評価には売買事例（比準価格）が義務付けられているため，評価通達による評価額との比較が可能です。

低くなった根拠を示す証拠資料として鑑定評価書を売買契約書に添付すればよいでしょう。

87 評価通達による評価額よりかなり低い価額で土地を売却した場合

ただし，鑑定評価額が売買価額を大幅に上回ることになれば認められません。

不動産鑑定評価基準では，取引事例比較法については，次のように規定されています。

> (1) **事例の収集及び選択**
>
> 取引事例比較法は，市場において発生した取引事例を価格判定の基礎とするものであるので，多数の取引事例を収集することが必要である。
>
> 取引事例は，原則として近隣地域又は同一需給圏内の類似地域に存する不動産に係るもののうちから選択するものとし，必要やむを得ない場合には近隣地域の周辺の地域に存する不動産に係るもののうちから，対象不動産の最有効使用が標準的使用と異なる場合等には，同一需給圏内の代替競争不動産に係るもののうちから選択するものとするほか，次の要件の全部を備えなければならない。
>
> ① 取引事情が正常なものと認められるものであること又は正常なものに補正することができるものであること。
> ② 時点修正をすることが可能なものであること。
> ③ 地域要因の比較及び個別的要因の比較が可能なものであること。

88 売買契約書と鑑定評価書を添付して申告が認められたケース

Q 父から相続した下図のような土地・建物を,評価通達の価額(5,952万1,280円)をかなり下回る価額(4,800万円)で売却しました。鑑定評価額(4,863万3,200円)で相続税の申告をしようと思っていますが,認められるでしょうか?

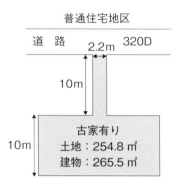

評価通達の価額 : 59,521,280 円
売買価額 　　 : 48,000,000 円
鑑定評価額 　 : 48,633,200 円

A 〈評価通達の価額〉

　　　　（正面路線価）　　（奥行価格補正率）
　　　　320,000 円／㎡ ×　　1.00　　＝ 320,000 円／㎡

　　　　　　　　　　　（間口狭小補正率）（奥行長大補正率）
320,000 円／㎡ ×　　0.90　　×　　0.90　　＝ 259,200 円／㎡……①

　　　（想定整形地の間口距離）（想定整形地の奥行距離）（想定整形地の地積）
　　　　　25.48m　　×　　　20m　　　＝　　509.6㎡

　　　　　　（不整形地の面積）
　　（509.6㎡ －　254.8㎡）÷ 509.6㎡ ＝ 0.50 → 0.82……②

②を採用する。

　　　　　　　　　　0.82 × 0.90 ≒ 0.73
　　　　320,000 円／㎡ × 0.73 × 254.8㎡ ＝ <u>59,521,280 円</u>

88 売買契約書と鑑定評価書を添付して申告が認められたケース

〈鑑定評価額〉

標準価格：350,000円/㎡

減価率

・路地状敷地　　　　−33%（路地状部分と有効宅地部分の面積により減価率を査定）

・日照通風が劣る　　−2%

・容積率が制限される　−10%

格差率：(100%−33%)×(100%−2%)×(100%−10%)≒59%

350,000円/㎡ × 0.59 × 254.8㎡ − 3,983,000円（建物取壊し費用） ≒ 48,633,200円

このケースでは，鑑定評価額による申告が認められました。

なお，建物がかなり古いため，鑑定評価額から建物の取壊し費用を控除して申告額としました。

89 控訴人の鑑定評価書が合理性を欠くと判断され，被控訴人の鑑定評価書が採用された事例

Q 控訴人の鑑定評価額が合理性を欠いているとした裁判例がありましたら，ご紹介ください。

A 東京高等裁判所平成12年9月12日判決は，路線価を下回る価格で取引されたが，客観的交換価値を反映したものとは認められず，控訴人の鑑定評価書は合理性を欠くと判断して，被控訴人の鑑定評価書を採用しました。

1. 前記引用の原判決が説示するとおり，路線価は，売買実例価格，公示価格，精通者意見価格等を基として評定されるが，評価上の安全性を考慮して，公示価格の約80パーセントの水準を目途として設定されている。したがって，路線価から客観的時価を算出するには，路線価を0.8で割り戻した金額を基準とすべきである。そうすると，本件宅地の平成5年度の路線価377万円を0.8で割り戻した471万2,500円が平成5年1月1日時点における客観的時価に近似するものであり，これに控訴人の主張する下落率をあてはめて時点修正をすると，相続開始時の価格は388万7,813円になる。これは，被控訴人鑑定書の評価額387万8,890円に近似する。したがって，被控訴人鑑定書が不当ということはできない。

2. 原判決が説示するとおり，宅地の相続税評価額を路線価方式によって評価することは，一応の合理性があり，路線価方式による評価額が時価を上回ることが明らかであると認められる場合にのみ例外的に路線価方式によることが違法である。そして，本件宅地以外の取引事例の中に路線価方式による評価額が取引額を上回るものがあったとしても，このことから直ちに本件宅地の路線価方式による評価が違法になるわけではない。そして，本件宅地の時価が路線価方式による評価額を上回る以上，控訴人が路線価との逆転現象の事例を指摘してみても，本件の評価が違法になるものではない。

3. 控訴人は，被控訴人鑑定書について非難するが，原判決が説示するとおり，鑑

89 控訴人の鑑定評価書が合理性を欠くと判断され,被控訴人の鑑定評価書が採用された事例

定は,取引事例について道路幅,系統による地域による地域要因格差の修正等が適切にされており,不合理ということはできない。〔証拠略〕によると,被控訴人鑑定書において想定されている月額支払賃料も,東京都中央区日本橋○○○に所在する事務所の賃貸事例を参考にして算出したものであることが認められるから,何ら不当ではない。

4. よって,原判決は相当であるから,本件控訴を棄却することとして,主文のとおり決する。

☞ 訴訟になると,原告・被告の両方から鑑定書を出す場合が多い。また,価格に開きがあると,裁判所も独自の鑑定書をとる場合があります。証拠として提出する場合は,十分説得力のある鑑定書が望まれます。

90 固定資産税評価の仕組み

Q 先月,父が亡くなり家屋を相続しました。家屋は相続税の申告時に固定資産税評価額で評価されるとのことですが,その仕組みについて説明してください。

A 家屋課税台帳または家屋補充課税台帳に登録された基準年度の価格に一定の倍率(1.0の場合が多い)を掛けて評価額を算出します。

（家屋の評価）
89 家屋の価額は,その家屋の固定資産税評価額(地方税法第381条《固定資産税台帳の登記事項》の規定により家屋課税台帳若しくは家屋補充課税台帳に登録された基準年度の価格又は比準価格をいう。以下この章において同じ。)に別表1に定める倍率を乗じて計算した金額によって評価する。

家屋の倍率

内　容	割合等
家屋の固定資産税評価額に乗ずる倍率	1.0

家屋の評価方法には,
① 類似する家屋の売買事例を基として評価する売買価格比較法
② 再建築費から経過年数,破損状況,需給事情の変化等に応じた減価額を控除して算出した価額を基として評価する再建築費基準法
③ 賃貸収益から一般経費を控除した残額を一定金利で還元する収益還元法
などがありますが,固定資産税評価額と相続税評価額との統一問題と関連し,相続税における家屋の評価も固定資産税のそれと歩調を合わせることとし,土地の場合と同様に,固定資産税評価額に一定の倍率を乗じて算出した金額を評価額とする倍率方式によって評価することとされています。

91 固定資産税評価と相続税評価

Q 私は父から相続した郊外の大規模店舗を売却しようと思っていますが、買主から、建物の価格はゼロだから、建物の取壊し費用を差し引かないと買わないと言われました。その場合でも、土地は路線価で、建物は固定資産税評価額で申告しなければならないのでしょうか？

A 難しい問題です。
　相続税の評価は、土地は路線価、建物は固定資産税評価額になります。
　売却価格がこの価格を大幅に下回るようであれば、売却価格によって「更正の請求」をするのも一つの方法と思われます。
　建物の相続税評価額は、前述のように、固定資産税評価額に一定の倍率（家屋の評価倍率は1.0）を乗じて算出します。
　建物の評価額については固定資産税の過大納付が問題になりますが、相続税評価額についてはほとんど問題になりません。
　固定資産税の過大納付について取り上げられるのは、ホテルや商業施設が多いといえます。
　固定資産税評価は統一した基準を使っており、建物を新築した場合は、その評価額の概ね50％程度であり、中古建物についてもそれなりに減額しているため、会計上の簿価（取得価格から減価償却費を差し引いた価額）を下回るのが一般的です。
　建物評価で問題になるのは、相続発生時には建物があるが、その後取り壊されて建売り住宅が建築されたり、長年空家が続いて倒壊寸前になっているケースです。
　鑑定評価では、建物が敷地と適応しているか、周辺の環境と適合しているかを判断して市場性や効用減を観察減価法により求めています。
　会計の減価償却と異なり、鑑定評価では減価修正という概念を用いています。
　減価償却と異なり、減価修正では個人的な見解が入るため、多くの建物を画

一的に評価する場合はそぐわないという批判もあります。

　長年空家となっており，管理がほとんどされていない建物については，修繕費を差し引くとか，市場性の観点から評価額を考えてもよいでしょう。

　また，既存不適格建築物をどのように評価するかについても問題が多いといえます。

　鑑定評価では一定の市場性減価を差し引くことになりますが，固定資産税評価においては，ほとんど減価がなされていません。

☞ 新しい建物は一般的には時価を下回るケースが多いが，古い建物は固定資産税評価では残価率20％が採用されているため，市場価値を上回るケースが多い。税制上の有利性から新築建物の需要が多いが，中古建物を購入して修繕に費用をかけて居住するケースも多い。相続税評価のとき，建物は固定資産税評価額で計算されるため残価率を低くしていくことが，市場価値である時価に近づくことになります。

92 残価率の問題

Q 不動産業界では築20年以上の建物はゼロ査定とすることが多いと聞いていますが，築60年の私の自宅は，残価率20％で相続税や固定資産税を納税しなければならないのでしょうか？

A 現在の査定が残価率20％程度であり，相続税も固定資産税評価で申告することになります。筆者は，残価率20％はあまりにも多く，5％～10％程度が妥当ではないかと思いますが，そのように評価してもほとんど認められないのが実態です。残価率は一定期間経過後は20％とされていますが，会計上は旧耐用年数等において残存価額は10％とされています。

20年が経過すると，木造建物の市場価値はゼロ評価とすることが多く，鉄筋コンクリート造の建物は耐震性等の技術が進んでおり，40年経過すると市場価値はゼロと査定している場合が多いといえます。

最近，相続税の申告で，「建物延べ床面積は183.45㎡，当初建築年は慶応以前」と表記されている建物を見ましたが，ほとんど市場価値はなく，ボロボロであるにもかかわらず，固定資産評価証明書には「評価額1,461,055円」と記載されていました。これこそ，まさに残価率20％を示している評価額です。

筆者は，相続税法22条で客観的な交換価値を時価としていることに問題がある，と考えています。

固定資産税を少しでも多く徴収するために残価率を残していると思われても仕方がないでしょう。

建物に担税力を求める固定資産税の趣旨から妥当であるとする説もありますが，鑑定評価の立場からは，そのような建物は客観的な交換価値を持っていません。使用価値はあるが，市場価値はないと判断します。

土地価格から建物の取壊し費用を差し引いて市場価値を表示します。

93 著しい損傷のある建物について，一部鑑定評価が採用されたケース

Q 私が経営している専門学校の鉄筋コンクリート造の校舎は一部雨漏りがあり，耐震性がないと言われています。それでも固定資産税は高い評価額で納めなければならないのでしょうか？ 鑑定評価額が採用されて納税者が勝訴した裁判例がありましたら紹介してください。

A 固定資産税評価額で納税しなければなりません。
多数の建物を大量に評価するために家屋評価基準が設けられています。
次に紹介する仙台地方裁判所平成16年3月31日判決は，納税者が提出した鑑定評価書の全面採用ではありませんが，数少ない納税者勝訴の判例です（参照：『相続税・贈与税通達によらない評価の事例研究』小池幸造監修・風岡範哉著）。
雨漏りがする老朽建物等は，補修や修繕に多額の費用を要するため，その価値は大きく下げざるをえません。客観的な交換価値を時価ということからすれば，ほとんど備忘価額程度の価値しか持たないのではないかと思われます。
税法上の建物減価償却では，躯体部分と設備部分に分けて，鉄筋コンクリート造の飲食店舗等は躯体47年，設備15年と規定しています。
40年以上が経過した建物は急激に修繕費がかさむため，残価率を下げる必要性があります。

【仙台地裁平成14年（行ウ）第2号審査決定取消請求事件】（一部取消し）（被告仙台市固定資産評価審査委員会控訴）
1 　本件建物の一部は，学校法人の設置する各種学校において直接教育の用に供する固定資産として法348条2項9号の非課税規定を受けていたが，平成10年7月31日付けで各種学校の廃止認可を受けたため，S市長は，非課税としていた部分に課税するため，平成12年12月11日，本件建物の平成11年度及

93 著しい損傷のある建物について，一部鑑定評価が採用されたケース

び平成 12 年度の価格を評価基準に従い再評価し，それぞれ修正価格（平成 11 年度 15 億 7,789 万 3,454 円，同 12 年度 15 億 5,754 万 7,654 円）を台帳に登録したものである。

2 　評価基準が家屋について再建築価格方式を採用した理由は，再建築価格は，家屋の価格の構成要素として基本的なものであり，その評価の方式化も比較的容易であり，また建築物価等の個別事情による偏差や建築の時点の差異等を取り除き，家屋の資産価値を客観的に把握できること，これに対し，①家屋の取得時における取得価格を基準とする評価方法は，取得価格の形成に取引当事者間の個別事情等の影響があること，取得価格の不明なものが多いことから直ちに取得価格を正常価格とみなすことは難しく，適当でないこと，②類似家屋の売買実例価格を基準とする評価方法も，売買実例価格に個別的事情が含まれ，③また，家屋が土地と一体となって売買される場合，家屋部分の価格を適正に把握することが困難であることなどから適当ではないこと，さらに④賃貸料等の収益を基準とする方法も，家屋の賃貸料等が借主と貸主との間の個別事情等により価格形成がなされることなどから，賃貸料等を基準として求めた価格が正常価格とみなすことは難しいと考えられたためである。

3 　しかしながら，これらの理由を不動産鑑定評価基準の観点から検討すると，上記①及び②の評価方法における特殊事情は，その特殊事情を考慮して各種の修正を加えることの理由とはなっても，取引事例比較法の採用そのものを否定する理由とはなり得ないものと考えられ，④の評価方法においても同様に収益還元法の採用そのものを否定する理由とはなり得ないと考えられる。③の場合も，家屋と土地の一体としての売買が通常の事態なのであって，家屋だけの公開された合理的な市場を想定することの方が実際的ではない。

4 　再建築価格方式により算定された価格が不動産鑑定評価基準の観点から見た「適正な時価」を超えていないかについては，疑問が生じる。

5 　本件建物のうち教室，学生寮及び職員寮については，少なくとも平成 10 年 7 月 31 日の各種学校の廃止認可まで，経年減点補正率規準表の適用において，鉄骨鉄筋コンクリート造の事務所，銀行用建物及び 2 〜 7 以外の建物と取り扱うことは，合理性に欠ける点がある。

6 　認定事実からすると，S 市長がした平成 11 年度及び平成 12 年度における本件建物の評価の方法に一般的な合理性があると認めることはできない。仮に一

般的な合理性は認められるとしても，S市長が算出した平成11年度及び平成12年度における本件建物の価格には，評価基準が定める減点補正を超える減価を要する特別の事情があるといわなければならない。

(中略)

9　原告が提出するK鑑定評価書は，本件建物の再建築費23億円に現価率18.9%（70%×27%）を乗じて，平成12年12月時点における本件建物の鑑定価格を4億3,500万円と評価したものであるが，減価等の割合について，不動産鑑定士の間でも多少のバラツキがあり得ること，本件建物は，各種学校に再度転用が可能であることは多少とも有利な点として評価すべきであると考えられることからすると，安全率を見込んで，現価率を25%と認めるべきである。

10　そうすると，平成12年12月時点における本件建物の価格は，5億7,500万円となり（23億円×0.25），平成11年1月1日時点における本件建物の客観的交換価値は，6億8,425万円（5億7,500万円×1.19（時点修正率）），平成12年1月1日時点におけるそれは，6億3,825万円（5億7,500万円×1.11（時点修正率））となる。

○<u>納税者が提出した鑑定書</u>

再建築費：23億円

現価率：70%×27% = 18.9%

平成12年12月時点の建物の鑑定価格

23億円×18.9% ≒ 4億3,500万円

○<u>裁判所の判断</u>

鑑定価格をベースに次のように判定した。

現価率：25%

理　由：建物は各種学校に再度転用が可能であることから，18.9%→25%にすべきである。

課税庁の価額 { 平成11年1月1日：15億7,789万3,454円
　　　　　　　 平成12年1月1日：15億5,754万7,654円

○<u>裁判所の決定した価格</u>

(時点修正率)

平成11年1月1日：23億円×25% = 5億7,500万円×1.19 = 6億8,425万円

平成12年1月1日：5億7,500万円×1.11 = 6億3,825万円

93 著しい損傷のある建物について，一部鑑定評価が採用されたケース

☞ 固定資産税評価では，鑑定評価とは異なり観察減価法は使用していません。したがって，全く価値がない建物であっても相続税評価では高く評価されるため，相続対策としては生前に建物を取り壊しておくことも一つの方法です。特に地方には環境にそぐわない立派な建物がありますが，相続時にはかなり高く評価されるため，個人で所有している場合は相続税が重くのしかかります。

94 スポーツジム施設に収益還元法の適用を否定した裁判例

Q 収益還元法を適用すべき「特別な事情」があるという納税者の主張が認められず，課税庁の登録価格を妥当とする裁判例があるそうですが，詳しく説明してください。

A 名古屋地方裁判所の平成17年1月27日判決です。
「特別な事情」が認められず，登録価格が適正であるという判決です。

事案は，平成2年8月31日に建築されたスポーツ施設で，鉄骨鉄筋造の地下1階付5階建，延べ面積52,520.45㎡の建物です。登録価格は42億4,795万1,657円です。なお，このスポーツ施設は平成10年1月に業務を停止しています。

納税者は収益還元法を適用すべき「特別な事情」があると主張しましたが，裁判所は収益還元法を否定し，課税庁の登録価格を妥当と判示しました。

〈納税者の主張〉

　Xの依頼したE不動産鑑定士による本件建物の鑑定評価額（X_1鑑定）は，4億7,950万円であり，F不動産鑑定士による本件建物の鑑定評価額（X_2鑑定）は，7億890万円である。本件登録価格はこれを超えているから，少なくとも7億890万円を超える部分は違法である。

　そもそも，時価は，社会的取引において形成されるものであるから，商業施設の評価はその収益力，資本効率，運用益から形成されるのは自明である。いかに高額の建築費をかけた商業施設であっても，そこから生じる<u>収益すなわち賃料収入が一定限度に止まるのであれば，その運用率から取引価格が決定されることになる。したがって，再建築価格法はすべての建物について通用し得る基準とはなり得ず，商業施設においては，収益還元方式が適切である</u>。

〈判示事項〉

1　家屋の価格の評価につき，再建築価格法を内容とする本件評価基準は，一般的な合理性を有しているというべきであるから，評価基準が定める評価の方法

によっては再建築費を適切に算定できない特別の事情又は評価基準が定める減点補正を超える減価を要する特別の事情がない限り、評価基準に従って計算した登録価格は適正な時価であると推認すべきである（最高裁平成 15 年 7 月 18 日判決参照）。
2 　原告は、商業施設の評価はその収益力、資本効率、運用益から形成されることから、収益還元法を適用すべきであり、特に本件建物については、その保有の経緯及び形状（デザインを重視したドーム方式）において特異であって、一般的な交換価値の把握は著しく困難であり、しかも本件登録価格を前提とする固定資産税を納税すれば、原告において保有が不可能となるという特別の事情が存在すると主張する。しかし、法は居住用建物と収益を目的とする商業用建物を区別していないし、収益還元法は、評価担当者等の主観が入り込みやすく、不公平な課税がなされる危険性があること等を考慮すれば、商業用建物についても本件評価基準に従って評価すべきである。また、これらをもって再建築費を適切に算定することができないなどの特別の事情に当たるとは考え難い。
3 　機能上の観点からは、もともと家屋は、その本体部分だけでは建物としての効用を十分に得ることができず、通常は、それぞれの目的に適した各種設備等が付属せしめられることにより、家屋としての効果を発揮し、資産としての価値を高めているのであるから、これらの建築設備及び建具については、家屋と一体なものとして評価するのが相当というべきである。
4 　原告は、本件建物の再建築費を算出する際に、2 年前の平成 13 年 1 月当時の東京都における物価水準が基準にされており、現在の経済情勢においては、その 2 年間の時差があることから、適正ではない旨主張するが、建築費の下落率は地価のそれよりかなり小幅なものにとどまっており、平成 12 年から平成 15 年の間の各種指標は 0.96 を上回るものが多いから、平成 12 年 1 月 1 日時点と対比した平成 15 年 1 月 1 日時点の建築費が 0.96 を下回る（下落率が大きい）と推認することはできないから、本件において適用すべき再建築費評点補正率を 0.96 としたことが不合理であるとはいえない。
5 　原告は、本件評価基準における経年減点補正が穏やかにすぎ、特殊な構造を有する本件建物の経年減価の方法として適当でない旨主張するが、経年減点補正率基準表の減価率は、建築の専門家から成る社団法人日本建築学会による調査、検討を経て定められたものであると認められるから、それが実態と乖離し

ていることを疑う根拠はなく，また，原告の主張する本件建物の特殊性を考慮しても，その適用が不適切であると認めることはできない。
6 　収益還元法は，その具体的利用状況によって甚だしい格差が生じ得る評価方法である上，将来の収益力を正確に予測することは困難であること，標準的収益額によってこれらを算出するとしても，どのような使用形態が標準的かについても偏差が入り込む可能性が大きいこと，そのため評価担当者の主観が入り込みやすく，不公平な課税がなされる危険性があること（現に，X提出に係るX_1鑑定とX_2鑑定の両鑑定において,収益還元法を適用した結果が大きく異なっている。），これらを考慮すれば，商業用建物についても本件評価基準に従って評価すべきである。

　<u>本件建物の規模・形状，不使用期間の存在，高額物件であること，最有効利用からの乖離，近隣同種施設の存在等を理由とする需給事情（又は観察減価法）による減価を認めることはできず（X_1鑑定及びX_2鑑定は，その内容に照らすと，一定の意図・目的を前提としていることが明らかであり，それが適正であることを示す客観的な根拠を見いだすことができないので，いずれも採用できない。），本件登録価格は適正なものと判断するのが相当である。</u>（下線・筆者）

　これは，納税者が会員制のスポーツ施設を建てたが，会員がうまく集まらないため業務を停止した事案です。

　納税者は，スポーツ施設は収益を目的とした建築物であるため，収益還元法の適用が適切であると主張しましたが，裁判所は，スポーツ施設という一定の目的を前提とした建物であり，再建築価格法以外の「特別な事情」を否定しました。

　「特別な事情」で裁判官を説得するのは，かなりハードルが高いといわざるをえない判決です。

95 債務超過にある貸付金は評価減できるか？

Q 被相続人である父の会社は債務超過の状態にあるため，貸付金は相続財産に含めない処置をとろうと思いますが，課税庁は認めてくれるでしょうか？

A 評価通達205《貸付金債権等の元本価額の範囲》は，債務者に次の事実が発生している場合は，債務者に対する貸付金は相続財産に算入されないと規定しています。

① 手形交換所（これに準ずる機関を含む）において取引停止処分を受けたとき
② 会社更生手続の開始の決定があったとき
③ 民事再生法の規定による再生手続開始の決定があったとき
④ 会社の整理開始命令があったとき
⑤ 特別清算の開始命令があったとき
⑥ 破産の宣言があったとき
⑦ 業況不振のため，またはその営む事業について重大な損失を受けたため，その事業を廃止し，または6か月以上休業しているとき

上記のように，課税当局は回収の困難性について厳格に解釈しているため，会社更正の手続等がない限り，貸付金は相続財産から除外できないことになります。

96 同族会社への貸付金対策

Q 社長である父個人の同族会社への貸付金があまりにも多額であるため，父の生前中に対策をしておきたいと思っています。短期的・長期的な対策のアドバイスをお願いします。

A 短期的には贈与貸付金の返済を，長期的には多額の含み損をかかえている土地・建物を会社から社長個人に売却して貸付金を減少させる方法があります。

> **(貸付金債権の評価)**
> 204　貸付金，売掛金，未収入金，預貯金以外の預け金，仮払金，その他これらに類するもの（以下「貸付金債権等」という。）の価額は，次に掲げる元本の価額と利息の価額との合計額によって評価する。
> (1)　貸付金債権等の元本の価額は，その返済されるべき金額
> (2)　貸付金債権等に係る利息（208《未収法定果実の評価》に定める貸付金等の利子を除く。）の価額は，課税時期現在の既経過利息として支払を受けるべき金額

同族会社の場合，法人成りをしているとはいえ，社長個人が会社に対して貸付金を持っているのが一般的です。中には，同族会社への貸付金だけで相続税の基礎控除額の3,000万円を超えているケースもあります。

同族会社への貸付金は本来回収可能でなければならないはずですが，会社に現金・預金がないため返済できないことが多いにもかかわらず，相続税の申告に当たっては資産として計上しなければなりません。

長期的・短期的な観点から貸付金を減少させる対策を講じていく必要があります。

〈長期的な観点からの対策〉
① 毎年，贈与税がかからない110万円の範囲で貸付金を贈与する。
　　たとえば，3人に毎年110万円ずつ10年間贈与した場合，3,300万円の

相続財産の減少になります。
② 会社に現金・預金があった場合，返済金に回す。
　貸付金の返済を受け，社長個人は返済を受けた資金を相続財産とならないように活用します。

〈短期的な観点からの対策〉（仕訳は会社会計上のもの）
③ 繰越欠損金が多額にある場合
　債権放棄をする会社は多額の繰越欠損金を有しているのが一般的ですので，繰越欠損金と債務免除益を相殺します。
　　（借方）繰越欠損金×××　　　（貸方）債務免除益×××
④ 土地・建物に多額の含み損が生じている場合は，会社が社長個人に不動産を時価（時価の査定には鑑定評価が必要）で売却することにより譲渡損が生じ，貸付債権の債務免除益と相殺できます。
　　（借方）土地・建物売却損×××　（貸方）債務免除益×××
　社長個人が会社から購入した不動産は，相続時には貸家建付地で評価します。
　貸付金が多額の場合は，貸付金と評価通達に基づく評価差額を利用して大幅に相続財産を減少することができます。
⑤ 会社が債務超過にある場合の債権の現物出資（デット・エクイティ・スワップ）
　土地・建物等の資産を時価評価して会社が債務超過にあるか否かを調査します。土地・建物については鑑定評価をしてもらいます。
　債務超過にある場合は，社長個人が貸付金を会社に現物出資することにより，自社株式の交付を受けます。
　貸付金3,000万円を社長個人が会社に現物出資した場合は，会社側の仕訳は次の通りです。
　　（借方）借入金3,000万円　　　（貸方）資本金3,000万円

コラム＊11

相続税の申告は不動産に詳しい税理士に頼もう！

不動産の相続税評価について詳しくない調査官がいる一方で，中には不動産鑑定士の資格を持った人もいます。

評価に詳しい人はあっさりと調査を終了する場合が多いのですが，そうでない調査官は鑑定評価の内容について詳細に聞いてくる場合が多いといえます。

調査官と筆者とのやり取りを再現すると次のようになります。

《傾斜度が 20 度前後の市街地山林について，広大地評価よりも鑑定評価の方が低い場合》

調査官：鑑定評価ではなく，広大地評価でやるべきではありませんか？　また，鑑定評価額も，地価公示等の宅地見込地から比準した金額よりかなり低いのではありませんか？

筆　者：傾斜がきつく，道路も狭いため，開発に当たっては造成費が多額にかかり，大型車の進入が難しいため鑑定評価額で売れるかが難しい土地です。実際，周辺の売買事例は対象地のように傾斜のきつい山林を開発業者が買う場合，かなり厳しい価格になっています。

➡調査官は上記の説明でも納得せず，私の事務所まで説明を求めに来ました。取引事例は守秘義務があるため見せられないが，周辺の宅地開発で不動産業者が購入している価格を提示し，ようやく納得してもらいました。

《道路側が平坦で一部盛土しており，奥の方が急斜面の崖地になっている場合》

調査官：道路側が平坦であり，盛土部分は地下車庫に使用すればよく，奥の急斜面の部分の擁壁はいらないのではありませんか？

筆　者：全体の敷地は建売住宅が 5 棟建つ現場で，開発にあたっては奥の方は擁壁が必要です。市の開発要綱を充たす擁壁の築造はかなり大がかりとなり，鑑定評価書に示したように多額の造成費がかかるため，開発法の価格はかなり低くなります。

➡調査官は国税局の不動産鑑定士と相談して，筆者の価格で納得してもらいました。

相続税の申告書に添付する場合，十分に説得力のある鑑定評価書でなければなりません。

また，税務代理権限のある税理士と不動産鑑定士は常に一緒に立会いをし，現場で調査官が納得できるように説明する必要があります。

　現役の調査官はなかなか本音を話してくれませんが，退官して開業税理士をしている旧調査官から，「税理士のなかでも能力の差があって，申告上の間違いや個別的要因を考慮すれば，もっと相続税の額が減少するケースが多い」という言葉を聞いたことがあります。

　筆者にとっては，ずしりと重く感じる言葉でした。

　特に土地は個別的要因によって税額が大きく変動するため，注意を要することを再確認させられました。

〈参考文献〉

1. ゼミナール相続税法　橋本守次　大蔵財務協会
2. 土地評価事例　北本高雄　第一法規
3. 財産評価の実務　笹岡宏保　清文社
4. 土地評価の租税判決・裁決例分析　鵜野和夫・下崎寛　中央経済社
5. 相続税・贈与税通達によらない評価の事例研究　小池幸造（監修）　風岡範哉　現代図書
6. 図解・財産評価　梶野研二　大蔵財務協会
7. 財産評価基本通達疑問点　品川芳宣（監修）　前田忠章・大森正嘉（編集）　ぎょうせい
8. Q＆A土地評価の実務全書　太田・細川会計事務所資産税部　ぎょうせい
9. 相続税の評価と不動産鑑定　今枝意知朗（稿）　不動産鑑定2012年7月号
10. 最近の税務訴訟　佐藤孝一　大蔵財務協会
11. 特殊な画地と鑑定評価　土地評価理論研究会　清文社
12. 要説不動産鑑定評価基準と価格等調査ガイドライン　鑑定評価基準委員会　住宅新報社
13. 土壌汚染と不動産評価・売買　森島義博・八巻淳・廣田祐二　東洋経済新報社
14. 判例・裁決例にみる土地評価の実務　神谷光春　新日本法規

《著者紹介》──────────────────

小林　千秋（こばやし　ちあき）
　税理士・不動産鑑定士
　有限会社　横浜総合コンサルティング　代表取締役

昭和25年，長岡市に生まれる。
明治大学大学院卒業後，一般社団法人日本不動産研究所，会計事務所を経て，平成元年4月，税理士・不動産鑑定士として独立開業する。
平成3年～平成28年まで東京国税局の相続税路線価評価業務，国土交通省の地価公示評価委員，平成6年から市町村の固定資産税評価業務を担当する。

財産評価に精通しており，現在，両資格を活かして相続対策，相続税の申告業務，事業承継対策，株式評価，不動産の鑑定評価，広大地評価等特殊な案件を担当すると同時に，財産評価に精通する税理士・不動産鑑定士として各種セミナーの講師を務めている。

URL：http://yokohamaconsul.com/
e-mail：ysc@carrot.ocn.ne.jp

《Q&A》相続税が驚くほど節税できる
財産評価の実際──相続税の申告と実務対策──

2017年5月1日　印刷
2017年5月10日　発行

著　者　小林　千秋　ⓒ

発行者　野々内邦夫

発行所　株式会社プログレス　〒160-0022　東京都新宿区新宿1-12-12
　　　　　　　　　　　　　　電話 03(3341)6573　FAX03(3341)6937
　　　　　　　　　　　　　　http://www.progres-net.co.jp　E-mail: info@progres-net.co.jp

＊落丁本・乱丁本はお取り替えいたします。

モリモト印刷株式会社

本書のコピー，スキャン，デジタル化等の無断複製は著作権法上での例外を除き禁じられています。本書を代行業者等の第三者に依頼してスキャンやデジタル化することは，たとえ個人や会社内での利用でも著作権法違反です。

ISBN978-4-905366-63-8　C2034

＊各図書の詳細な目次は、http://www.progres-net.co.jp よりご覧いただけます。

Q&A 農地の評価
●画地計算と固定資産税算定の実務
内藤武美（不動産鑑定士） ■本体価格4,000円＋税

Q&A 土砂災害と土地評価
●警戒区域・特別警戒区域の減価率の算定法
内藤武美（不動産鑑定士） ■本体価格2,600円＋税

▶新版◀
私道の調査・評価と法律・税務
黒沢　泰（不動産鑑定士） ■本体価格4,200円＋税

▶新版◀
[逐条詳解] 不動産鑑定評価基準
黒沢　泰（不動産鑑定士） ■本体価格4,800円＋税

建物利用と判例
●判例から読み取る調査上の留意点
黒沢　泰（不動産鑑定士） ■本体価格4,400円＋税

土地利用と判例
●判例から読み取る調査上の留意点
黒沢　泰（不動産鑑定士） ■本体価格4,000円＋税

▶不動産の取引と評価のための◀
物件調査ハンドブック
●これだけはおさえておきたい
　土地・建物の調査項目119
黒沢　泰（不動産鑑定士） ■本体価格4,000円＋税

新版
定期借地権活用のすすめ
●契約書の作り方・税金対策から
　事業プランニングまで
定期借地権進協議会 ■本体価格3,000円＋税

▶改訂増補
賃料[地代・家賃]評価の実際
田原拓治（不動産鑑定士） ■本体価格7,500円＋税

実践 不動産評価マニュアル
●不動産コンサルティングのための
　上手な価格査定のすすめ方
藤田浩文（不動産鑑定士） ■本体価格2,500円＋税

新版《事例詳解》
広大地の税務評価
●広大地判定のポイントと最近の重要裁決例
　および61の評価事例
日税不動産鑑定士会 ■本体価格4,200円＋税

ザ・信託
●信託のプロをめざす人のための
　50のキホンと関係図で読み解く
　66の重要裁判例
宮崎裕二（弁護士） ■本体価格5,000円＋税

Q&A 重要裁判例にみる
私道と通行権の法律トラブル解決法
宮崎裕二（弁護士） ■本体価格4,200円＋税

▶不動産取引における◀
心理的瑕疵の裁判例と評価
●自殺・孤独死等によって、
　不動産の価値はどれだけ下がるか？
宮崎裕二（弁護士）／仲嶋　保（不動産鑑定士）
難波里美（不動産鑑定士）／髙島　博（不動産鑑定士）
■本体価格2,000円＋税

土壌汚染をめぐる重要裁判例と実務対策
●土壌汚染地の売買契約条文と調査・処理の実際
宮崎裕二（弁護士）／森島義博（不動産鑑定士）／八巻　淳（技術士[環境]）
■本体価格3,000円＋税

Q&A 借地権の税務
●借地の法律と税金がわかる本
鵜野和夫（税理士・不動産鑑定士） ■本体価格2,600円＋税

▶新版◀【Q&A】大家さんの税金
アパート・マンション経営の税金対策
●不動産所得の税務計算から確定申告・相続・
　譲渡まで
鵜野和夫（税理士・不動産鑑定士） ■本体価格3,800円＋税